AF596268

LA COMÉDIE-FRANÇAISE

EN 1878

PARIS — IMPRIMERIE P. MOUILLOT, 13, QUAI VOLTAIRE — 14386

ÉDOUARD NOËL

LA
COMÉDIE-FRANÇAISE
EN 1878

EXTRAIT DU QUATRIÈME VOLUME DES

Annales du Théâtre & de la Musique

PARIS
GEORGES CHARPENTIER, Éditeur
13, RUE DE GRENELLE-ST-GERMAIN 13

1879

Ouvrage tiré à soixante exemplaires numérotés à la main.

Numéro

LA COMÉDIE-FRANÇAISE

EN 1878

La Comédie-Française inaugure l'année nouvelle avec un spectacle composé de *Volte-face*, l'aimable bluette rimée de M. Emile Guiard et du *Marquis de Villemer*, la pièce si sincèrement attachante de George Sand, où Mlle Broisat a définitivement succédé à Mlle Croizette dans le rôle de Caroline de Saint-Geneix et où Garraud ne tardera pas à remplacer Thiron dans celui du comte de Dunière. Dès le lendemain, 2 janvier, *Hernani* s'emparait en victorieux de l'affiche et pendant le cours de cette année 1878, il ne se passera pas de mois, sans que le drame de M. Victor Hugo soit donné au moins une fois pour réaliser au 31 décembre un total de quatre-vingt-onze représentations qui, ajoutées aux vingt-cinq de l'année précédente, lui constitueront dans l'espace de ces treize derniers mois une carrière de cent quinze soirées auxquelles il faut ajouter la matinée du 22 avril. Encore n'est-il pas certain que la pièce à ce moment ait dit son dernier mot et que nous ne la retrouvions au programme de 1879, ramenée par la constante faveur dont elle ne cesse d'être l'objet de la part du public. Ce regain de succès n'avait pas laissé que d'étonner bon nombre de gens pour qui n'avait pas paru évidente l'opportunité de la remise à la scène de ce drame dont la première représentation marque l'avénement du romantisme dans l'histoire de notre littérature dramatique. Il n'y avait pas, comme en 1867, époque de la reprise la plus récente d'*Hernani*, l'intérêt surexcité par la levée de l'interdit qui avait longtemps pesé sur l'œuvre théâtrale du poète de la *Légende des siècles*. Dans les premiers mois de 1878, pendant lesquels se chiffrent les plus belles recettes réalisées par ce drame, ce n'était pas encore le public de l'Exposition dont la curiosité indifférente s'abattait à tort et à travers et un peu partout. Les comparaisons faites entre l'interprétation actuelle et celle de 1867 étaient plutôt favorables à cette dernière. De l'avis de tous ceux qui s'étaient trouvés à même de pouvoir établir un parallèle à l'égard de ces deux distributions, sauf peut-être Mlle Sarah Bernhardt, qui sans pourtant faire oublier Mme Favart, se montrait tout à fait supérieure sous les traits de Dona Sol, sauf Worms, pour qui le rôle de Don Carlos avait marqué la prise de possession à la Comédie-Française et qui pouvait sans crainte affronter le souvenir de Bressant, on s'accordait à reconnaître Maubant inférieur à lui-même à dix années d'intervalle, et surtout à regretter, en présence du jeu inégal et parfois étrange de Mounet-Sully, la correction et la sincérité du jeu de Delaunay. Où fallait-il donc chercher l'attraction soulevée par la reprise de cet ouvrage? Etait-elle dans le drame lui-même à qui l'on n'avait jamais épargné les critiques de toute nature? Un moment on put croire que ce succès était personnel à un artiste. Le 2 mars, une petite bande blanche portant le nom de Mlle Adeline Dudlay, substitué à celui de Mlle Sarah Bernhardt, indiquait pour le soir un changement dans la distribution du personnage de Dona Sol. Mlle Dudlay joua en effet le rôle qu'une indisposition de Mlle Bernhardt contraignait cette artiste à céder à l'improviste à sa jeune camarade. Celle-ci apporta, dans l'accomplissement de cette tâche passagère, le charme de ces qualités natives qui dès le premier jour, en lui conquérant les sympathies générales, avaient fait pressentir en elle une comédienne de race. Elle fut beaucoup applaudie. Mais son nom ne s'imposait pas encore à la foule comme le nom de la grande artiste qu'elle était appelée à suppléer. Ce soir-là, la recette baissa. Le surlendemain, Mlle Dudlay ayant de nouveau conservé le rôle, le même phénomène se produisit. L'émotion fut grande parmi les sociétaires aux yeux de qui cette différence amenait la révélation d'un fait encore inobservé. La Comédie, et le public avec elle, s'étaient jusqu'à ce jour complu dans cette idée que la véritable force du Théâtre-Français, son seul prestige en un mot, résidaient surtout dans l'ensemble, dans l'homogénéité de sa troupe, et non dans la démonstration isolée d'une personnalité, si brillante qu'elle pût être. La vedette individuelle n'existait pas ici comme sur les autres scènes. Cette antique solidarité, témoignage éloquent d'une prospérité légendaire, était-elle donc rompue ? Quelques jours après, Mlle Sarah Bernhardt rétablie ayant repris son rôle, les recettes remontèrent comme par enchantement à leur taux accoutumé. A ce moment le succès d'*Hernani* était arrivé à son apogée. Mais sa période décroissante devait compter encore de belles soirées.

Avant cela, le théâtre que l'institution toujours florissante des abonnements du mardi et du jeudi obligeait à renouveler sans cesse ses programmes, remettait successivement à la scène au fur et à mesure de ses besoins quotidiens : *Le Malade imaginaire*, où une petite fille du nom de Gaillard joue le rôle de Louison, comme on la chargera peu de temps après de celui de Jeanne dans *Le Supplice d'une femme* ; *Le Gendre de M. Poirier* où le jeune Baillet partagera cette année le personnage du duc de Montmeyran avec Laroche ; *Le Jeu de l'amour et du hasard* ; *Le Joueur*, *Le Médecin malgré lui* ; *Le Demi-Monde*, où Mme Provost-Ponsin a repris le rôle de la vicomtesse de Vernières ; *Philiberte* ; *Le Duc Job* ; *Le Pour et le Contre*, toutes pièces enfin que pour la plupart nous retrouverions inscrites au répertoire de l'année précédente.

Le 15 janvier, anniversaire de la naissance de Molière, approchait. Ce jour-là ainsi que nous le voyons tous les ans, la Comédie-Française a coutume de célébrer la mémoire de l'écrivain illustre auquel elle doit son nom, sa gloire et aussi sa prospérité, par une représentation exclusivement composée, sauf l'à-propos obligé, d'œuvres du poète. Depuis quelques années on se plaignait, non sans raison, de l'uniformité qui présidait à la confection du programme de cette solennité. C'était presque invariablement — avec *Le Malade imaginaire*, dont la cérémonie finale servait de prétexte tout trouvé aux comédiens pour venir saluer le buste enguirlandé de leur glorieux ancêtre, — toute autre pièce du répertoire courant que l'on avait pu voir quelques jours auparavant. Mais pour cette fois, M. Perrin s'était promis de rompre avec cet usage justement incriminé et, par la restauration d'un chef-d'œuvre de Molière, de donner à la soirée du 15 janvier un éclat inaccoutumé. *Le Misanthrope*, choisi dans ce but, n'avait à dire vrai, jamais quitté l'affiche. Mais le rôle principal repris en dernier lieu par Maubant, n'avait trouvé dans cet artiste qu'un interprète bien pâle et bien effacé. Bien mieux, l'habitude s'était perpétuée au Théâtre-Français de jouer *Le Misanthrope* en habit carré datant de la fin du règne de Louis XIV. Or, la Comédie conservait depuis longtemps dans ses magasins, à titre de curiosité, les costumes de cette même pièce offerts par le roi Louis-Philippe et qui n'avaient servi qu'une fois, lors de la représentation de gala donnée en 1833 au château de Versailles, à l'occasion du mariage du duc d'Orléans et pour laquelle spécialement ils avaient été faits. Ces costumes au contraire étaient taillés suivant la mode de la première moitié du XVIIe siècle. Il y avait avec eux une rénovation curieuse à tenter. L'occasion ne pouvait mieux s'offrir qu'à propos du 256me anniversaire de la naissance de Molière.

Le Misanthrope[1], ainsi rajeuni, fut répété généralement dans l'après-midi, le dimanche 13 janvier, devant un petit nombre d'amis de la maison et donné le 14 devant le public payant et les représentants de la presse, encadré entre *le Mariage forcé* et *les Précieuses ridicules*. C'est avec ce spectacle que le lendemain 15, la Comédie honorait la mémoire de son fondateur, en présence des abonnés du mardi que le hasard appelait cette année à participer à cet acte de haute et respectueuse déférence.

L'intérêt de la reprise du *Misanthrope*, dont la distribution était tout entière renouvelée, s'atta-

1. Distribution. — Alceste, *M. Delaunay*. — Oronte, *M. Coquelin*. — Philinte, *M. Thiron*. — Clitandre, *M. Boucher*. — Acaste, *M. Prudhon*. — Dubois, *M. Joliet*. — Arsinoé, *Mme Favart*. — Célimène, *Mlle Croizette*. — Eliante, *Mlle Broisat*.

chait principalement au rôle d'Alceste, interprété par Delaunay et aux comparaisons que l'on pouvait être tenté de faire entre ce comédien et ses devanciers. De Maubant et de Laroche, nous ne parlerons pas. Mais le rideau n'était pas encore levé que l'on s'évertuait déjà à se demander de qui, de Geoffroy ou de Bressant, Delaunay chercherait le plus à s'inspirer. Les déceptions de ce côté durent être nombreuses. Il n'appartenait pas plus à un comédien de la valeur de Delaunay de chercher à copier ses prédécesseurs qu'il est de l'habitude d'un peintre de talent de démarquer ses confrères. Delaunay a joué ce rôle long et complexe d'Alceste comme il le comprenait, comme il le sentait, comme en un mot, il était dans sa nature de le rendre. Y a-t-il complètement réussi? C'est un point sur lequel il serait fort malaisé de mettre les critiques d'accord entre eux et surtout les critiques d'accord avec le public. Que si l'on écoutait M. Auguste Vitu, nul n'avait mieux, selon lui, réalisé ce type, dans lequel plus d'un contemporain de Molière, sans compter le marquis de Montausier, avait mis quelque gloriole à vouloir se reconnaître. Tel n'était pas l'avis de M. de Saint-Victor qui cria au contre-sens et consacra trente lignes de cette prose prétentieusement imagée dont lui seul a le secret, à signaler la prétendue erreur dans laquelle avait versé le comédien. M. Sarcey demandait du temps pour se prononcer, mais contraint de le faire quelques mois après, il devait, se rangeant à l'avis de son confrère du *Figaro*, ratifier de sa bonne plume les applaudissements du public. L'opinion se montrait donc de prime abord partagée et irrésolue. Où était dans tout cela la vérité? L'autorité des deux écrivains que nous venons de citer, appuyée sur le succès qui se renouvelait pour l'artiste à chaque représentation de l'ouvrage en question, semblait s'être chargée du soin de la fixer sans retour. Cette création faisait événement : on n'en pouvait disconvenir. Assurément, si l'on ne voulait tenir compte que du physique du comédien, de sa taille moyenne, de sa nature même qui s'accommodait sans doute mieux des rôles d'amoureux que des grands premiers rôles, on pouvait trouver à la rigueur quelque chose à redire. Mais comment ne pas admirer cette science profonde de diction, le charme de cette voix si juste et si variée d'intonation, cette sobriété de gestes, tout ce jeu enfin si noble et si mesuré dans son ensemble! Que si l'on appréciait tout cela comme il convenait, on ne pouvait s'empêcher de reconnaître que jamais artiste ne s'était mieux que Delaunay, incarné dans un personnage si fort éloigné en apparence de ses aptitudes et n'en avait rendu les côtés humains avec plus de conviction et plus de talent.

Le rôle de Célimène avait été le premier rôle de début de Mlle Croizette à la Comédie-Française, à cette époque où la jeune artiste quittait les bancs du Conservatoire pour prendre rang parmi les pensionnaires de la maison de Molière. L'épreuve se renouvelait pour elle en cette soirée, épreuve d'autant plus terrible si le public s'avisait de demander compte à la comédienne du crédit qu'il lui avait fait dix ans auparavant. Mlle Croizette n'a ni le ton, ni la figure de Célimène dont Mme Arnould-Plessy a emporté dans sa retraite les derniers secrets. Très inégale d'un bout à l'autre de la pièce, elle ne se relevait véritablement que dans ses grandes scènes avec Arsinoé qu'abordait pour la première fois Mlle Favart avec autant de succès qu'elle avait mis de complaisance et d'abnégation à accepter ce rôle. Coquelin disait excellemment le sonnet d'Oronte, personnage secondaire que l'artiste ramène au premier plan par le talent et l'esprit qu'il lui prête. Thiron semblait avoir conscience de l'échec que lui infligeaient à la fois les tirades malencontreuses de Philinthe et l'erreur de son directeur. Mlle Broisat se montrait touchante comme à son ordinaire, sous les traits d'Eliante, et Coquelin cadet dans l'équipage de Dubois prouvait une fois de plus qu'il n'y a pas de petit rôle pour les meilleurs artistes.

Cette solennité n'aurait pas été complète si M. de Bornier ne s'était chargé de rimer pour la circonstance des stances à Molière, que Got, pour payer de sa personne avait accepté de venir débiter au public[1].

1. Il avait été un moment question de donner le 15 janvier, et a

Telle était la physionomie de cette soirée dans laquelle on eût pu donner, avec *le Misanthrope*, *M. de Pourceaugnac* dont les études étaient à ce moment assez avancées pour en permettre dès à présent la reprise, décidée depuis longtemps. Mais M. Perrin, par un sentiment de délicatesse et de convenance avait préféré réserver cet ouvrage pour le bénéfice de Bressant qui, malade et toujours éloigné de la scène, se décidait à prendre sa retraite après vingt-cinq années passées dans la maison de Molière, au service de l'art dramatique. Sa représentation d'adieu, fixée au mercredi 27 février, devait lui apporter en même temps que les témoignages de la sympathie générale l'assurance du vide que son départ allait faire dans les cadres de la Comédie-Française, où de longtemps il ne sera pas remplacé. Son état de maladie ne lui permettait même pas de prendre part à cette représentation d'adieu, et ses camarades s'étaient chargés d'être ses interprètes auprès du public.

L'affiche de cette soirée d'adieux, en outre de la reprise de *M. de Pourceaugnac*, dont tous les moindres rôles étaient tenus par des sociétaires, comptait deux autres attractions : *Les Caprices de Marianne*, avec une distribution en partie nou-

l'occasion de la fête annuelle de Molière, la premiere représentation d'une comédie en un acte, de M. Charles Joliet, intitulée *le Mariage d'Alceste*. La chose était décidée : on n'y a renoncé que faute du temps nécessaire pour pouvoir répéter suffisamment la pièce qui d'un commun accord a été renvoyée à l'année suivante.

velle[1] et le rétablissement du dernier acte tel que l'avait écrit Alfred de Musset, et enfin, des fragments d'une traduction inédite d'*Othello*, par M. Jean Aycard, au moyen desquels M. Perrin voulait juger de l'effet de l'œuvre sur le public avant de se décider à la mettre tout entière à la scène. La présence au programme des noms de deux chanteurs célèbres, Mme Miolan-Carvalho et M. Faure, qui s'étaient partagé les intermèdes musicaux de rigueur en pareille circonstance, ne pouvait qu'ajouter à l'éclat de cette représentation.

Dans la comédie d'Alfred de Musset, le rôle d'Octave avait été pendant longtemps un des triomphes de Bressant. Chacun se rappelait sa bonne humeur, sa gaîté si franche, sa morgue si hautaine. Si Delaunay qui abandonnait à Worms le personnage quelque peu fade et mélancolique de Célio, pour prendre celui d'Octave, n'a pas au même degré physique ces qualités maîtresses, il faut reconnaître que personne à ce moment, à la Comédie-Française, n'était plus que lui à même d'accepter cet héritage. Il suppléait d'ailleurs à une lacune plus apparente que réelle par un charme juvénile, par une chaleur communicative, que

1. Distribution. — Claudio, *M. Got.* — Octave, *M. Delaunay.* — Tibia, *M. Coquelin.* — Cœlio, *M. Worms.* — Malvolio, *M. Tronchet.* — Hermia, *Mme M. Brohan.* — Marianne, *Mlle Croizette.* — Ciuta, *Mme Thénard.*

Aux représentations suivantes des *Caprices de Marianne*, Coquelin abandonna le rôle de Tibia au jeune Truffier. Mme Brohan jouait autrefois Marianne ; aujourd'hui elle a repris le personnage d'Hermia, tenu jadis par Mme Guyon.

n'avait jamais possédés son devancier. Worms avait déjà joué Célio avant son départ pour la Russie ; pas plus alors qu'aujourd'hui, il ne réussissait à rendre intéressant un personnage qui l'est si peu par lui-même. Mlle Croizette, visiblement malade, avait pris soin de se faire excuser ; mais désireuse d'apporter à cette représentation, donnée au bénéfice de son professeur, le concours de son talent, elle avait trouvé dans sa volonté d'artiste la force de conduire jusqu'au bout ce personnage de Marianne, qui ne lui convient pas plus, au reste, que ne lui avait convenu Célimène. Le juge et son valet Tibia, interprétés par Got et Coquelin, apportaient un peu de gaîté dans cette pièce lugubre et que l'adjonction du dernier tableau, qui se passe dans un cimetière, ne devait pas peu contribuer à assombrir. Autrefois, en effet, le rideau tombait sur la mort de Célio, assassiné par des sbires aux gages de Claudio, l'époux de la capricieuse héroïne qui donne son nom à la pièce, et bien que Musset n'eût pas clos là son drame, on n'avait pas cru nécessaire de faire assister les spectateurs à l'épilogue imaginé par le poète. M. Perrin, toujours en quête de nouveau a rétabli le texte primitif. Mais la beauté pittoresque du décor dans lequel il a encadré cette scène finale n'a pas sauvé ce que peuvent avoir de pénible et d'étrange la rencontre de Marianne et d'Octave sur le tombeau de Célio et surtout la coquetterie de Marianne en un pareil lieu.

C'est sous l'impression causée par cette élégie funèbre que furent écoutés par une salle que l'audition de ce drame avait déjà visiblement fatiguée les fragments de la traduction nouvelle d'*Othello*. Le milieu ne pouvait avoir été plus mal préparé.

Mlle Sarah Bernhardt apparut émue et touchante sous les traits de Desdémone. De sa voix langoureuse, elle récita la romance du Saule, « rappelant çà et là, par quelques notes chantées l'air de la vieille complainte, et laissant tomber les autres vers, comme un vague souvenir, avec une incroyable poésie de langueur mélancolique... » Tout allait bien à ce moment, et le public, s'il n'était pas très démonstratif, demeurait inconsciemment sous le charme de cette délicieuse mélodie. Mais lorsqu'on vit entrer Mounet-Sully, qui avait commis l'impardonnable contre-sens de se noircir comme s'il eût été chargé de représenter un nègre de l'Afrique centrale, lorsqu'on le vit, un bougeoir à la main et costumé dans le goût de ces lampadaires de provenance vénitienne, rouler sous son noir des yeux furibonds, égarés, ce ne fut dans toute la salle qu'un fou rire à peine réprimé. Le comédien ne se décontenança pas pour cela, et tout entier à son personnage, il rendit avec une admirable puissance toute cette scène qui aboutit à la mort de Desdémone. A cet instant la glace était rompue et le public applaudissait avec frénésie les deux artistes qui venaient ainsi de l'émouvoir si profondément [1]. L'épreuve n'avait cependant pas paru convaincante à M. Perrin qui abandonna pour le moment l'idée de monter l'ouvrage de M. Aycard. Il ne crut pas toutefois devoir prendre cette décision avant de l'avoir doublement renouvelée devant les abonnés du mardi et du jeudi. La soirée se terminait par *M. de Pourceaugnac* [2]. La distribution de cette farce de carnaval était à elle seule une curiosité de circonstance. Il suffit d'y jeter les yeux pour se rendre compte du prix que les camarades de Bressant avaient attaché à paraître dans une représentation donnée à son bénéfice. Thiron se faisait surtout applaudir dans le rôle épisodique de l'apothicaire. Coquelin cadet dans celui de l'avocat chantant, contribuait pour sa part à dérider les spectateurs, que commençait

1. Ces fragments ne comportaient que trois rôles. Le troisième, celui de la suivante Emilia, était rempli par Mlle Fayolle.

2. — Distribution. — M. de Pourceaugnac, *M. Got*. — Eraste, *M. Delaunay*. — 2e avocat chantant, *M. Maubant*. — Oronte, *M. Talbot*. — Sbrigani, *M. Coquelin*. — 1er Suisse, *M. Febvre*. — L'Apothicaire, *M. Thiron*. — L'Exempt, *M. Mounet-Sully*. — 2e Suisse, *M. Laroche*. — 1er Médecin, *M. Barré*. — 1er Médecin grotesque, *M. Worms*. — 1er Avocat chantant, *M. Coquelin cadet*. — 2e Médecin grotesque, *M. Prudhon*. — 2e Médecin, *M. Martel*. — Un paysan, *M. Truffier*. — La Picarde, *Mme Provost-Ponsin*. — Nérine, *Mme Dinah Félix*. — Une paysanne, *Mlle Reichemberg*. — Julie, *Mlle Bl. Barretta*. — Lucette, *Mlle J. Samary*.

Cette distribution tout exceptionnelle ne devait pas avoir de lendemain. Aux représentations suivantes, Delaunay était remplacé par Boucher; Coquelin par son frère; Maubant par Richard ; Febvre par Garraud ; Mounet-Sully par Villain ; Laroche par Joliet ; Worms par Baillet ; Truffier par Roger ; Coquelin cadet par Truffier. Les dames, seules, conservaient toutes respectivement leurs rôles.

à lasser la longueur inusitée du spectacle. Cependant chacun tenait bon dans la salle, et Coquelin trouva l'auditoire encore au complet, quand, sans avoir pris le temps de dépouiller la veste de Sbrigani, il vint réciter, sur le devant de la scène, la lettre d'adieux qui, rimée par M. Aycard, contenait dans un portrait récapitulatif l'apologie du bénéficiaire :

D'autres prendront sa place.
Mais on n'oubliera pas son allure, sa grâce,
Son geste simple et beau, hardi, de grand seigneur !
Qui fut et qui sera plus charmant, plus charmeur?
Plus gai dans sa façon noblement cavalière ?
Plus net et plus brillant avec notre Molière
Et notre Beaumarchais qui jamais ne rêva,
Qui ne connut jamais plus fier Almaviva...
Almaviva ! Don Juan ! Des Grieux ! Lovelace !
Comme il les a montrés pleins de flamme et de glace,
Etincelants aux yeux du public ébloui !
Bien Français et surtout moderne, c'était lui...

Et puis, c'était tout... Bressant cessait désormais de faire partie de la Comédie-Française, où son nom avait brillé pendant près de vingt-cinq ans synonyme d'élégance, de gaîté et de noblesse. La marche du répertoire suivait son cours régulier. Reparaissaient successivement sur l'affiche : *Le Luthier de Crémone*, *Chez l'avocat*, *le Barbier de Séville*, *l'Ami Fritz*, qui le 6 septembre de cette année aura atteint sa centième représentation, *le Mariage de Victorine*, une des pièces que l'on revoit avec le plus de plaisir, *les Fourberies de Scapin*, où les deux Coquelin alternent pour le rôle de Scapin, *Mademoiselle de la Seiglière, l'Etrangère, Il ne faut jurer de rien, les Deux Ménages, Oscar, ou le Mari qui trompe sa femme, l'Été de la Saint-Martin*. Aucun changement important à signaler dans l'interprétation de ces ouvrages. Ensuite venait *la Pluie et le beau temps, les Plaideurs, Au printemps, On ne badine pas avec l'amour, l'Avare, Julie, Mademoiselle de Belle-Isle, Un mari qui pleure, Tartuffe*. Le 2 avril, Mlle Sarah Bernhardt reprenait, dans *Amphitryon* possession du rôle d'Alcmène, rôle qu'elle y avait dû jouer lors de la reprise de la pièce de Molière en 1877, mais qu'une indisposition suivie du départ de l'artiste pour le midi de la France l'avait obligée à céder au dernier moment à sa jeune camarade, qui s'en était acquittée et s'en acquittera encore avec conviction et talent. « Mlle Sarah Bernhardt, écrivait à ce propos, M. de Biéville, a donné à ce rôle d'Alcmène un charme exquis. Elle s'arrange avec un goût extrême; elle est jolie, tendre, pudique, noblement susceptible, justement révoltée, délicieusement attendrie. Toutes ces nuances avaient été plus ou moins marquées par les actrices que nous avons vues dans ce personnage; Mlle Dudlay l'avait joué d'une manière fort agréable; c'est suivant moi le rôle qu'elle a le mieux rempli; Mlle Madeleine Brohan lui prêtait ses attraits, sa distinction, sa bonne grâce; Mlle Judith, son zèle, son talent ; aucune ne lui a donné cette vivacité d'expression, cette vie. Il n'y a que trois scènes dans le rôle d'Alcmène ; la scène où elle reconduit le faux Amphitryon après la nuit de son prétendu retour ; la scène d'explication avec son mari, le véritable Amphitryon ; enfin la scène où elle cède au feint repentir du faux Amphitryon. De ces trois scènes, la scène d'explications, qui est la scène capitale de la comédie, captivait seule l'attention ; les autres passaient presque sans effet au milieu des scènes comiques de Sosie. Mais voyez ce que c'est qu'une actrice, ou pour mieux dire, une artiste supérieure, car à ce degré de perfection, ce nom d'artiste trop prodigué, convient seul. Mlle Sarah Bernhardt place les trois scènes d'Alcmène parmi les plus attrayantes d'*Amphitryon*. Avec quel abandon, quelle douce lassitude, à la fois passionnée et pudique, elle reconduit celui qu'elle croit son époux ; avec quel étonnement, quel trouble, quelle douleur, quelle indignation, elle entend les dénégations incompréhensibles du véritable Amphitryon ; avec quel mélancolique ressentiment, elle fuit les excuses du faux Amphitryon et avec quelle faiblesse indulgente, elle cède au repentir qu'il joue. Il n'y a que les grands artistes pour animer ainsi un rôle, pour n'en laisser perdre aucune nuance, pour lui donner tout son lustre. »

Jusqu'ici, la Comédie-Française n'avait encore donné que quelques matinées isolées et à titre exceptionnel. Le succès que ces représentations diurnes obtenaient sur d'autres scènes ne pouvait laisser indifférents MM. les sociétaires justement préoccupés à la fois des intérêts matériels et artistiques de la maison de Molière. A plusieurs reprises il en avait été question au sein du Comité, qui craignait, on ne sait pourquoi, de rompre avec les traditions du passé et de compromettre sa dignité en suivant l'exemple des autres théâtres. De bonnes raisons cependant avaient été mises en avant pour décider de l'adoption de ces matinées. N'était-ce pas une excellente occasion de produire, dans des rôles plus importants que ceux qu'ils jouent d'habitude, de jeunes artistes qu'immobilisent sans profit pour eux et pour la comédie les succès en cours de représentation? N'était-ce pas encore le meilleur moyen de populariser le répertoire classique en en familiarisant l'accès à toute une série de spectateurs, qui sans compter les collégiens, ne peuvent venir au théâtre que le dimanche? On avait été bien près de se décider. Des programmes avaient été élabo-borés, discutés, puis abandonnés, ainsi que cela arrive toujours pour une institution nouvelle qui ne saurait s'imposer du premier coup. N'importe, l'idée faisait du chemin. On ne voulut pas avoir l'air tout d'abord de se rendre à l'évidence et on choisit le prétexte d'un bénéfice pour tenter l'aventure qui réussit pleinement. La matinée dominicale du 27 janvier devait rapporter à l'association des artistes dramatiques, plus de 7,000 francs, autrement dit le maximum de la recette[1]. Il n'y avait plus de raison pour hésiter. Pendant les premiers mois de cette année, on renouvela cette tentative, mais seulement de loin en loin. La chose adoptée en principe ne devait être mise en pratique régulière que dans le courant du dernier trimestre[2]. A ce moment les matinées seront organisées sur le même pied que les représentations du soir et le comité fixera une rémunération distincte pour les sociétaires et les pensionnaires, qui prendront part dorénavant à ces spectacles de jour.

Pendant ce temps, on continuait les études de la comédie de M. Emile Augier, qui entrée en répétitions dans les derniers mois de 1877, devait prendre pour titre définitif : *les Fourchambault*. Le succès persistant d'*Hernani* n'était pas la seule cause du retard apporté à l'apparition de cette pièce. Une autre raison avait contribué à en reculer de jour en jour la représentation. Mme Emilie Guyon tenait un des principaux rôles de la pièce de M. Augier et, gravement malade, elle ne venait qu'assez irrégulièrement au théâtre. D'un

1. On donnait *le Mariage forcé, le Misanthrope* et *les Précieuses ridicules*.

2. Des matinées furent données en mars. Le 3 (*Le Misanthrope, La joie fait peur*); le 10 (*Le jeu de l'amour et du hasard, le Barbier de Séville*); le 17 (*Les fourberies de Scapin, l'Ami Fritz*); les 24 et 28 (*l'Avare, le Gendre de M. Poirier*); le 22 avril (*Hernani*).

autre côté l'auteur, par une pieuse et délicate pensée, d'accord en cela d'ailleurs avec les comédiens, ne voulait pas porter le coup mortel à une artiste de talent qui ne se fût pas consolée sans doute de voir cette création lui échapper. Mme Guyon mourut le 17 février. On n'avait que trop bien prévu ce fatal dénoûment. On commenta fort à cette époque, dans le public et dans les journaux, un fait insignifiant en apparence, mais auquel le bruit qu'on fit autour de lui faillit donner quelque importance. Les lettres de faire part ne portaient aucune mention de la Comédie-Française dont la défunte faisait partie depuis longtemps à titre de sociétaire. Y avait-il eu oubli? Était-ce préméditation, comme on semblait l'insinuer? D'aucuns voulurent prétendre que la famille de Mme Guyon blâmait de la sorte la Comédie d'avoir tenu longtemps cette artiste en disgrâce en l'écartant de la scène où elle n'avait fait en ces dernières années que de rares et lointaines apparitions. Il n'y avait fort heureusement pour la dignité de chacune des parties intéressées à cette affaire, qu'un commérage sans consistance et sans portée. Comment supposer que les membres de la famille de Mme Guyon, au nombre desquels figurait Mme Arnould-Plessy, se fussent prêtés à une rancune de cette nature? Comment admettre que la Comédie-Française qui lui réservait une création importante dans un ouvrage nouveau, et qui devait faire relâche le jour de ses obsèques (20 février), eût pu être accusée valablement de cet ostracisme inusité[1] ?

On avait songé à Mme Favart pour reprendre, le cas échéant, le rôle de mère noble distribué par M. Augier à Mme Guyon et on ne voulut pas toutefois aventurer cette artiste dans un rôle nouveau pour elle, sans lui avoir fourni préalablement l'occasion de s'y essayer et de s'y sentir. C'est pourquoi dans *la Joie fait peur*, Mme Favart s'était montrée sous les traits de Mme Désaubiers. « Mme Favart, disait à ce propos M. Francisque Sarcey, a fini par écouter les conseils de tous ses vrais amis ; elle se résigne franchement à quitter les jeunes premières pour se vouer aux rôles moins brillants de femmes mûres et de mères. Ce passage est toujours douloureux pour une artiste : Mme Favart a peut-être un peu tardé à s'y résoudre ; elle se fut épargné, en prenant son parti plus vite,

1. « C'est une tradition touchante et fière dans notre Compagnie, disait Got, le doyen des sociétaires, sur la tombe d'Emilie Guyon, d'accorder publiquement l'hommage d'une pleine journée de deuil à tout sociétaire que la mort vient surprendre debout, au milieu de ses collègues et dans l'exercice de son art. » Puis, faisant l'éloge de la femme et de l'artiste, l'orateur ajoutait : « Ce que je tiens à dire, c'est l'honorabilité de son existence, c'est la franchise de son caractère, sa tenue digne et calme qui s'harmonisait si bien d'ailleurs avec les lignes de sa beauté robuste, romaine. Ce fut une nature énergique et vaillante. Qui ne peut se rappeler sans émotion son dernier travail à nos côtés, sa lutte, ses douloureux efforts ? » Ce dernier hommage rendu à l'artiste, n'était-il pas la meilleure protestation à opposer à tous les bruits plus ou moins intéressés que l'on pouvait faire courir sur les prétendus dissentiments de Mme Guyon avec la Comédie ?

de froids accueils et parfois même des réflexions désobligeantes. Mais tout est bien qui finit bien. Mme Favart vient de signer avec la Comédie-Française et avec le public un nouveau bail qui pourra être fort long. Nous lui faisons notre compliment très-sincère de cette évolution où elle s'est déterminée. Mme Favart a joué Mme Désaubiers en excellente comédienne, mais en comédienne. Je veux dire que cette admirable artiste laisse trop apercevoir l'art dont son faire est composé. Les procédés dont elle use pour imiter le naturel marquent une science merveilleuse, mais on les pénètre, et son imitation n'est que de l'imitation. Ce n'est là qu'une nuance, je le sais; mais la nuance est sensible. Le rôle ne saurait être mieux joué, ni par une comédienne plus experte, plus sûre de ses effets. Mais quoi! ce n'est que du théâtre, et Mme Allan c'était la vie même. Il faut avouer cependant que nous sommes bien heureux encore que Mme Favart nous rende ces rôles; car personne ne pourrait plus s'en charger rue Richelieu et quelques pièces très-importantes disparaîtraient du répertoire. »

M. Sarcey ne disait que trop vrai en déplorant par cette réflexion critique le vide que la mort de Mme Guyon devait laisser dans les cadres de la Comédie-Française, et en écrivant ces lignes, il ne faisait que répéter ce que pensait tout le monde. Mlle Favart, tout en renonçant à un emploi dans lequel elle avait longtemps tenu le premier rang, ne pouvait prétendre sans partage à celui des mères nobles, qui exige plus d'autorité physique et une maturité qu'elle n'avait pas encore atteinte. Ce fut alors que l'idée d'attacher définitivement Mlle Agar à la maison de Molière revint à l'esprit de M. l'administrateur. On se rappelle que l'année précédente déjà, il avait été question de l'engagement de cette artiste, mais que soit à cause de Mme Guyon, dont l'état n'était pas encore désespéré, soit pour toute autre raison, rien n'avait été conclu. On pouvait croire pourtant, aujourd'hui, que cette solution ne tarderait pas à passer de l'état de projet à celui de fait accompli. Mme Favart ne remplissait pas toutes les conditions que l'auteur des *Fourchambault* désirait, pour lui faire jouer le personnage originairement distribué à Mme Guyon. C'est alors que fut décidé l'engagement de Mlle Agar, dont la rentrée à la Comédie-Française, en même temps que la prise de possession par cette comédienne de l'emploi des grands premiers rôles, devait s'effectuer dans la nouvelle pièce de M. Emile Augier. Dès lors, rien ne s'opposait plus à ce que *les Fourchambault* passassent du secret des études à la publicité de la scène. Le 6 avril eut lieu la répétition générale devant un petit public d'intimes, à qui le mot d'ordre avait été donné de ne rien révéler au dehors de leurs impressions, en sorte que le surlendemain 8, la comédie arriva devant le véritable public, vierge de toutes ces indiscrétions préméditées qui font plus de mal que de bien à l'œuvre qu'elles prétendent servir. « Obtenir, sans l'avoir escompté à l'avance, un succès aussi grand que mérité, écrivait au lendemain de la première représentation des *Fourchambault* M. Jules Guillemot, ne l'avoir préparé ni par des réclames ni par des *indiscrétions*, devoir ce succès non à des décors, des costumes, des trucs et de la mise en scène, mais tout simplement à de grands sentiments, noblement conçus et exprimés dans une belle et bonne langue : voilà ce que viennent de faire M. Emile Augier et la Comédie-Française ; voilà ce dont il faut les féliciter hautement et les applaudir sans marchander. »

Le succès prédit par le critique du *Soleil* ne devait pas manquer de se réaliser. Il se traduisait en cette seule année 1878, par une série de cent vingt représentations. Mais arrivons sans plus tarder à l'analyse de l'œuvre nouvelle de l'auteur de *l'Aventurière*.

8 AVRIL. — **LES FOURCHAMBAULT**, comédie en cinq actes, en prose, par M. EMILE AUGIER[1]. — M. Fourchambault, aujourd'hui banquier au Havre, et banquier important, a commis l'imprudence, en

1. DISTRIBUTION. — Bernard, *M. Got.* — Léopold Fourchambault, *M. Coquelin.* — Baron Rastiboulois, *M. Thiron.* — Fourchambault, *M. Barré.* — Mme Fourchambault, *Mme P. Ponsin.* — Blanche, *Mlle Reichemberg.* — Marie Letellier, *Mlle Croizette.* Mme Bernard, *Mlle Agar.*

son extrême jeunesse, de se faire aimer d'une maîtresse de piano qui fréquentait la maison paternelle, où elle venait donner des leçons. Un enfant est né de cette faute. Le jeune Fourchambault, honnête homme au fond, mais faible, n'eût pas demandé mieux que de légitimer l'enfant en épousant la mère, en qui il avait reconnu des qualités solides de caractère et d'éducation. Mais la famille était intervenue pour s'opposer à une union aussi disproportionnée, et comme le jeune homme avait résisté, on n'avait pas hésité à calomnier la jeune fille, et à profiter de l'état d'irrésolution du séducteur pour le marier à une riche héritière qui lui apportait en dot huit cent mille francs tout ronds, c'est-à-dire quarante mille livres de rente. Vingt-cinq ans ont passé sur tous ces incidents. A ce moment, le rideau se lève sur l'intérieur de la famille Fourchambault, réunie pendant l'été dans une riche villa d'Ingouville. M. Fourchambault est devenu un homme considérable et le plus estimé des banquiers de la cité havraise. De l'aventure de sa jeunesse, c'est à peine s'il a conservé le souvenir autrement que pour recommander à son fils Léopold de n'être jamais tenté de l'imiter. Léopold, d'ailleurs, n'a pas besoin de ces recommandations, et son éducation mondaine, si elle favorise ses appétits de libertin jusque sous le toit paternel, le met à l'abri de toute idée de réparation. Sa sœur Blanche, toute proportion gardée, est taillée sur le même patron que lui, et n'a su prendre, dans les mœurs du jour, que ce qui peut le moins convenir à une jeune fille. Mme Fourchambault, née Reboulin, n'a rien négligé, hâtons-nous de le dire, pour amener les choses au point où elles se trouvent actuellement. Ne connaissant d'autre frein à ses fantaisies ruineuses que la faiblesse de son mari, elle dépense, pour son seul train personnel, trois fois le revenu de sa dot, et n'a d'autre ambition, pour le moment, que d'éblouir la société havraise et d'arriver à marier sa fille au jeune baron Rastiboulois, fils du préfet de Seine-et-Manche, — un département ajouté par l'auteur à la carte du nord de la France, pour aller au-devant de toute espèce de personnalité.

Depuis quelques mois, la famille Fourchambault donne l'hospitalité à une jeune et belle orpheline créole, Marie Letellier, que la perte de la presque totalité de sa fortune a réduite à venir chercher en France une position d'institutrice. Léopold ne laisse pas échapper cette bonne occasion de faire une cour pressante à Marie, qui répond aux flatteries du jeune écervelé avec cette aisance et cette franchise qui sont le résultat de son éducation exotique. La mère, inconséquente et légère, ferme les yeux sur cette intrigue et ne serait pas éloignée de voir à son fils une aussi belle maîtresse, quitte à la congédier après qu'elle sera compromise sans retour. Sur ces entrefaites, la maison Fourchambault se trouve menacée par la faillite d'une banque rivale avec laquelle elle était en relations d'affaires. C'est en vain que M. Fourchambault s'adresse à ses meilleurs amis pour obtenir la somme qui lui manque, c'est en vain qu'il supplie sa femme, cause de tout le mal, de sacrifier, pour le sauver, une partie de sa dot, celle-ci conseillée par son notaire refuse péremptoirement toute espèce de signature, et ceux-là ne font, par des réponses évasives, que trop bien pressentir leur refus. Il est sur le point d'être perdu, déclaré lui aussi en faillite, lorsqu'il est sauvé par l'intervention d'un certain Bernard, riche armateur havrais, homme aux apparences rudes et grossières, qui ne veut donner d'autre raison de ses offres de service que le désir, en s'associant comme commanditaire à la maison Fourchambault, de faire une bonne affaire. Ce Bernard n'est autre, en effet, que le fils de la maîtresse de piano dont il a été question au premier acte, et par conséquent l'enfant naturel et ignoré de Fourchambault. En agissant ainsi, Bernard ne fait d'ailleurs qu'obéir à sa mère, à l'heureuse influence de laquelle il doit d'avoir amassé une fortune considérable et d'occuper au Havre une situation commerciale prépondérante. Depuis sa faute, Mme Bernard a vécu dans la retraite, se consacrant exclusivement à l'éducation de son fils, et sans autre ambition que de lui rendre dans le monde, par la fortune, la position que sa naissance semblait devoir lui enlever. Le nom de Bernard ne saurait rien rappeler à

M. Fourchambault, car c'est un nom d'emprunt, et puis tant d'années se sont passées que les souvenirs comme les ressemblances doivent être à peu près entièrement effacés.

Bernard, en venant de la sorte offrir ses services à M. Fourchambault, n'obéit pas seulement au devoir que lui dicte sa mère. Dans le secret de son cœur il aime Marie, qu'il a connue et appréciée sur le navire qui amenait la jeune fille en France et où il se trouvait lui-même en qualité de commandant. S'il s'est tout d'abord révolté contre la pensée de venir en aide à cette famille, c'est que, sans oser prétendre à la main de Marie, il croit que celle-ci prête une oreille complaisante aux propos du jeune Léopold. C'est là, en effet, que se noue le drame, tout entier contenu dans cette idée que l'homme perdu par la femme riche qu'il a épousée est sauvé par la femme pauvre qu'il a compromise. On pense bien que le baron Rastiboulois s'est ému de l'atteinte portée au crédit de la maison dans laquelle il voulait faire entrer son fils et qu'il saisirait ce prétexte pour reprendre sa parole, si Mme Fourchambault ne lui en fournissait un plus plausible en lui laissant entendre que, sous le toit paternel, Marie a été la maîtresse de Léopold. Le baron, enchanté de rencontrer une aussi bonne occasion de rompre avec les Fourchambault qu'il croit à peu près ruinés, crie au scandale et retire sa demande au nom de la morale outragée. Il n'en fallait pas tant pour compromettre Marie Letellier, qui se voit repoussée par une famille anglaise chez qui elle allait entrer en qualité d'institutrice sur la recommandation de Bernard. Celui-ci, qui ne croit qu'à demi à l'innocence de Marie, a peine à se rendre à l'évidence de ses protestations indignées. Il veut cependant obliger Léopold à réparer ses torts, ne fussent-ils qu'apparents, en lui faisant épouser Marie. Il offre même de la doter pour supprimer tous les obstacles, lorsque le jeune Fourchambault se refusant à accepter un marché dont il ne s'explique pas suffisamment les raisons, Bernard s'emporte et rappelant l'histoire de sa mère séduite et calomniée, accuse Léopold de ne faire que suivre les traditions de sa famille. Cette discussion est le sujet d'une scène superbe, baptisée dès le premier soir la scène des deux frères[1], à la suite de laquelle Marie épouse Bernard pour qui elle professait une secrète admi-

1. « Ce qui fait la beauté incomparable de cette scène, c'est que sous les raisons que se donnent les deux jeunes gens palpitent des sentiments secrets, qu'ils ne s'avouent ni l'un ni l'autre. Bernard est, sans s'en rendre compte, furieux de la préférence qu'a semblé accorder à ce gandin Mlle Letellier ; il lui demande une réparation, qu'il sera désespéré d'obtenir. Léopold ne veut pas de Mlle Letellier pour femme, mais il est inconsciemment jaloux de l'intérêt que témoigne Bernard à cette jeune fille qui l'a repoussé. Bernard pousse donc Léopold, le presse, lui parle de devoir et de morale, mais il en parle en amant jaloux ; avec une âpreté violente. L'autre se défend, allègue qu'il ne doit rien, mais avec une hauteur sarcastique. La scène se poursuit ainsi, tous deux ayant l'air de traiter une question générale, et se portant, sous le couvert de ces beaux mots, des coups sanglants. On sent, de réplique en réplique, s'aigrir la colère sourde des deux jeunes gens. » (M. Fr. Sarcey).

ration, et Blanche renonce au baron Rastiboulois pour épouser le jeune Victor Chauvet, l'associé de Bernard, qu'elle aimait depuis longtemps, mais à qui la vanité de sa mère l'avait jusqu'ici empêchée de prétendre. De la famille Fourchambault, Léopold sera le seul à connaître la vérité sur la filiation de Bernard.

Tel est ce drame, qui témoigne dans tout son ensemble d'une saine et robuste sincérité. La presse fut pour ainsi dire unanime à reconnaître les grandes qualités dont il est empreint. « Point de petites adresses, écrivait M. Sarcey dans son feuilleton du lundi suivant, point de basses flatteries aux préjugés de la foule, point de trompe-l'œil; tout cela est sain, ferme et de bon aloi. L'auteur va droit son chemin; il court aux situations promises et il les traite avec une netteté souveraine. Et quel dialogue tout plein de mots de caractère et de situation. Et quel style! Le vrai style de la comédie, simple, éclatant et sonore. Toutes ces phrases étincellent et s'enfoncent comme des coups d'épée. » C'était, condensée en quelques mots, l'opinion de tous les critiques. Le premier sentiment qui se manifestait était un sentiment prononcé d'admiration. M. Auguste Vitu, envisageant la comédie de M. Augier au point de vue de la question sociale qu'elle renferme, s'exprimait à son tour en ces termes sur le compte de l'œuvre nouvelle : « Que de pièces n'a-t-on pas écrites, que de déclamations n'a-t-on pas étalées sur cette donnée qui touche aux problèmes les plus délicats de l'ordre social de la famille : *le Fils naturel!* C'est le titre d'un drame de Diderot et aussi d'un drame de M. Alexandre Dumas fils. Entre les deux se place *le Bâtard* de M. Alfred Touroude. Laissons Diderot de côté. Nos drames modernes se sont attachés surtout à montrer le bâtard prêt à tomber dans la misère ou dans le vice, tandis que le père, oublieux de ses devoirs, vit heureux et considéré au sein de l'opulence. Tel est à peu près le sens général du drame de M. Touroude. M. Álexandre Dumas fils s'est inspiré pour écrire le sien de l'histoire si connue de d'Alembert, qui, devenu célèbre, et réclamé par Mme de Tencin, refusa de la reconnaître, n'avouant pour sa vraie mère que la pauvre femme qui l'avait élevé. La question du fils naturel avait donc été retournée sous bien des aspects ; et cependant il était réservé à M. Emile Augier d'en apercevoir un tout nouveau, le plus simple peut-être, le plus humain, le plus touchant de tous, par conséquent le plus dramatique. C'est le fils naturel grandi et enrichi par le travail, sauvant le père et la famille légitime qui ne le connaissent pas. Un tel sujet est si pathétique par lui-même qu'il a suffi à M. Emile Augier de l'exposer au second acte des *Fourchambault*, par une simple conversation entre Mme Bernard et son fils, pour faire couler des larmes de tous les yeux. » La Comédie-Française pouvait d'ailleurs revendiquer sa large part dans le succès de cette mémorable soirée. Passant de l'examen de la pièce à l'appréciation des interprètes, le savant critique ajoutait : « Got s'est incarné avec une réalité extraordinaire dans le personnage de Bernard, et il a mérité entre tous la longue ovation qui l'a salué lorsqu'il est venu nommer l'auteur. A le voir, avec sa chevelure légèrement inculte, sa barbe moitié rousse et moitié grisonnante, son teint bronzé et cette physionomie volontairement immobile qu'éclaire seul le feu sombre des yeux, on devine la résolution virile du fils de ses œuvres et les sentiments profonds qui brûlent sous cette rude enveloppe. Presque tout le rôle est en dedans, et c'est là le triomphe de Got, qui fait tout comprendre avec un geste à peine indiqué, mais d'une justesse si pénétrante qu'elle laisse deviner et suivre toutes les nuances de la pensée. C'est là, si je ne me trompe, la plus belle composition et le plus légitime succès de ce grand comédien. Coquelin l'a secondé avec un bonheur extraordinaire dans la scène des deux frères; l'excellent comique, dans un rôle qui aurait pu et qui a même dû être joué par Delaunay, s'est montré tour à tour plein de légèreté mondaine, de force dramatique, et même de grâce juvénile. Barré et Thiron sont excellents dans les rôles de Fourchambault et du baron Rastiboulois. Mlle Agar reparaissait à la Comédie-Française après une longue absence; elle a justifié du premier coup sa rentrée dans la maison de Molière ; il y a bien à regretter que la voix naturellement sourde de Mlle Agar soit affectée d'un grasseyement qui l'affaiblit encore; mais le rôle de Mme Bernard comporte peu d'éclats; il est tout en nuances tristes et délicates; Mlle Agar les a comprises et rendues avec la plus noble simplicité; elle a des attitudes naturellement belles sans affectation, et qui prêtent une grandeur poétique à ce rôle si touchant. Elle a été fort admirée et fort applaudie. Le personnage de Mlle Letellier, si proche parente de Mlle de Saint-Geneix, présentait à Mlle Croizette les mêmes avantages et les mêmes écueils. Elle a rendu avec charme les parties gracieuses et tranquilles de ce rôle; elle réussit moins les deux ou trois mouvements accentués qu'il comporte. Mme Ponsin rend très-bien l'odieuse et vulgaire créature que cachent, chez Mme Fourchambault, les dehors de la femme du monde; un peu de lourdeur peut-être dans le débit et de lenteur dans la réplique. Citons enfin Mlle Reichemberg, qui rend à merveille la délicieuse scène où Blanche Fourchambault, sermonnée par Bernard, par Léopold et par Mlle Letellier, finit par redevenir la jeune fille naïve qui n'écoutera que son cœur. »

La Comédie-Française, avec *les Fourchambault*[1],

1. *Les Fourchambault*, devaient indirectement servir de prétexte à une innovation dans les usages du théâtre. Les élèves de l'école polytechnique ayant manifesté le désir pendant les congés de Pâques d'assister à une représentation de la comédie de M. Emile Augier, M. Perrin, que la location quotidienne débor-

tenait un succès de longue haleine. Quatre représentations par semaine ne suffisent pas à la curiosité impatiente du public que le bruit qui se fait autour de la pièce nouvelle attire quotidiennement en foule au bureau de location. L'œuvre de M. Emile Augier alterne d'abord avec *Hernani* où Laroche a repris, des mains de Worms qui ne le jouera plus que dans les grandes occasions, le rôle de Don Carlos; avec *Athalie* ensuite, où Mlle Agar fera une seconde apparition sur la scène du Théâtre-Français dans le personnage de la reine de Juda, sans que son admission soulève, soit parmi les spectateurs, soit parmi les comédiens, la moindre contestation. Puis viennent à leur tour, *les Femmes savantes*[1] et *la Nuit*

dait, se trouva fort embarassé. Dans l'impossibilité où il était de mettre à leur disposition des fauteuils d'orchestre ou de balcon, tous retenus à l'avance, il leur offrit de leur réserver le parterre tout entier pour le jour qu'ils voudraient bien lui désigner. Ils choisirent le lundi de Pâques. Cette mesure entraînait la suppression de la claque qui occupe chaque soir la meilleure partie du parterre. L'enthousiasme n'en fut pas moins grand ce soir-là, ce qui donna à penser à MM. les Sociétaires qu'en se passant du concours de MM. les romains, on obtenait soixante places en plus à distribuer au public; partant une augmentation de recette, ce qui n'était pas à dédaigner. La claque fut donc peu de temps après supprimée, à titre transitoire. Mais, au moment où nous écrivons ces lignes, elle n'est pas encore rétablie, — à la grande satisfaction de la majeure partie du public, que gêne dans l'expansion de son plaisir ou de ses impressions l'enthousiasme de commande de MM. les romains.

1. Dans *les Femmes savantes*, Got et Coquelin jouent alternativement le rôle de Trissotin, et Coquelin cadet dans celui de Vadius, obtient un réel succes à chaque représentation nouvelle de la comédie de Molière.

d'octobre. Le 7 mai, la *Phèdre* de Racine apparaissait de nouveau sur l'affiche, mais avec une distribution en partie modifiée. Mlle Sarah Bernhardt avait conservé le personnage de l'épouse de Thésée, où de l'avis de nombre d'amateurs elle se montrait, au second acte principalement, supérieure à Rachel elle-même. Mounet-Sully, plus maître que de coutume de sa nature capricieuse, était, pour la première fois peut-être, justement applaudi dans celui d'Hippolyte. Un débutant, second prix du Conservatoire, Silvain, faisait un premier début dans le rôle de Thésée qui lui valait de voir les critiques apprécier sa prestance, sa diction nette et correcte, et surtout sa voix chaude et pénétrante. Engagé pour suppléer Maubant que la scène abandonne de plus en plus, cette épreuve faisait bien augurer de l'avenir de cet artiste, à qui l'on ne pouvait reprocher qu'un excès de jeunesse dans un emploi qui demande ordinairement plus de maturité. Mlle Baretta, que M. Perrin lançait imprudemment dans la tragédie en lui confiant les plaintes de la timide Aricie, semblait dépaysée dans un genre nouveau pour elle et où elle ne s'aventurait pas de bon cœur. Ce même soir, la reprise de *Phèdre* était précédée de celle du *Testament de César Girodot*. Dans cette pièce, où Coquelin cadet continue à esquisser d'une façon très-comique et tristement vraie la physionomie d'Isidore, débutait un tout jeune homme, Paul Reney, que M. Perrin était allé chercher, pour l'attacher comme pensionnaire au Théâtre-Français, au Vaudeville où trois ou quatre rôles d'amoureux comique l'avaient, croyait-il, mis en évidence. Celui de Célestin, qu'il aborde ici pour la première fois, lui permet de développer en présence de ce nouveau public ses qualités naturelles, paralysées quelque peu par la solennité d'un début annoncé. Le résultat de cette soirée, sans être défavorable à ce jeune comédien, ne justifiait cependant pas suffisamment aux yeux de certaines gens l'honneur auquel l'appelait prématurément la bienveillance de M. l'administrateur. Aucun succès d'école ne le recommandait à cette distinction hâtive qu'il ne pourra arriver à mériter ultérieurement que par beaucoup de zèle et un travail sérieux. Particularité étrange, les deux rôles qu'il lui était réservé d'aborder après Célestin Girodot, celui de Iaquez dans *Hernani* et celui de Théobald dans *la Fille de Roland*[1], avaient été tenus jusqu'ici par une femme, Mlle Martin, que son état de santé éloignait momentanément du théâtre. Ce serait nous exposer et exposer nos lecteurs à des redites que de parler de l'interprétation du per-

1. La reprise du drame de M. de Bornier eut lieu le 8 août, précédée le même soir de celle du *Village*, la jolie petite comédie de M. Octave Feuillet, où Mlle Agar devait désormais jouer le rôle de Mme Dupuis, et Mlle Thénard, celui de Catherine. — Dans *la Fille de Roland*, Silvain prend le rôle de Radbert à la place de Chéri, artiste consciencieux qui a cessé depuis quelque temps déjà, de faire partie de la Comédie-Française.

sonnage de Fortunio par Delaunay dans *le Chandelier*, qu'il n'avait fait, l'année précédente, que céder provisoirement au jeune Volny et de celle de Gringoire par Coquelin, dans la pièce charmante et bien connue de M. Th. de Banville[1]. Ce serait, en tout cas, répéter ce que ces deux comédiens nous fournissent l'occasion de dire chaque fois que leurs noms figurent au programme, à savoir qu'ils réalisent la perfection même de l'art du comédien. Le centième anniversaire de la mort de Voltaire, qui avait failli servir de prétexte dans Paris à une manifestation antireligieuse interdite à temps par l'administration, offre à M. Perrin l'occasion de reprendre le 30 mai, *Zaïre*[2], qui n'avait pas été représentée depuis longtemps et où aucune modification notable d'interprétation n'est à signaler. Mais ce n'est pas seulement dans l'œuvre apparente et conti-

1. *Gringoire* est une des pièces que Coquelin joua le plus volontiers dans ses tournées en province. Signalons à propos de cet ouvrage une tentative intéressante de Coquelin cadet, qui, accompagnant son frère dans une de ses excursions, joua au pied levé le rôle de Louis XI et y obtint un réel succès par la figure originale et vraie qu'il sut donner à ce personnage historique.

2. Voici pourtant la distribution actuelle de la tragédie de Voltaire : Lusignan, *M. Maubant.*—Orosmane, *M. Mounet-Sully.* — Corasmin, *D.-Vernon.* — Nérestan, *Laroche.* — Chatillon, *M. Martel,* — Mélédor, *M. Richard.* — L'esclave, *M. Davrigny.* — Zaïre, *Mme S. Bernhardt.* — Fatime, *Mlle Martin.*

Aucun incident particulier ne signale cette représentation si ce n'est qu'au foyer du public, on s'arrêtait devant la belle statue de Voltaire par le sculpteur Houdon, aux pieds de laquelle avait été déposée une couronne de roses, avec cette inscription : « A Voltaire, les Ecoles. » Cette couronne avait été apportée par une délégation de la jeunesse des Ecoles.

nue des spectacles, que se manifeste l'activité dans la maison de Molière. Des projets mis en avant sont abandonnés. C'est ainsi que pendant plusieurs semaines on répète fiévreusement une comédie de Scribe, *la Calomnie*[1], qu'on ne jouera pas, pour le moment du moins. Une petite comédie inédite, signée des noms de deux écrivains qui ont donné ici même *l'Été de la Saint-Martin*, et intitulée *le Petit hôtel* sera répétée généralement aux environs de ce mois de mai et ne sera pas représentée. C'est vers cette époque, le 15 avril, que la Comédie-Française perdit un de ses plus anciens et de ses

1. Voici, en regard de la distribution originelle de *la Calomnie*, la distribution de cette même pièce, telle qu'elle fut répétée et telle qu'on dut la jouer en 1878 :

		1837.		1878.
Cte de Miremont,	MM.	*Samson.*	MM.	*Thiron.*
Ed. de Varenne,		*Menjaud.*		*Baillet.*
Bernardet,		*Monrose.*		*Coquelin.*
Oscar Rigaut,		*Regnier.*		*Coquelin cadet.*
De Montlucar,		*Provost.*		*Dupont-Vernon.*
Dutillet,		*Bailly.*		*Garraud.*
Saint-Estève,		*Colson.*		*Barrigny.*
Desrousseaux,		*L. Monrose.*		*Truffier.*
Césarine,	Mmes	*Volnys.*	Mmes	*Favart.*
Agathe,		*Plessy.*		*Baretta.*
Zoé,		*Anaïs.*		*Broisat.*

On ne sait pouquoi M. Perrin renonça à *la Calomnie*. La reprise s'en expliquait pourtant par un sentiment de reconnaissance bien naturel envers la mémoire de Scribe, dont le nom est lié par plus d'un succès brillant à l'histoire de la Comédie-Française, et surtout quand par ce temps d'Exposition où les étrangers et les provinciaux affluaient à Paris, ceux-ci n'eussent pas été fâchés sans doute de connaître quelques pièces de son volumineux répertoire.

plus fidèles serviteurs. M. Léon Guillard, auteur dramatique, homme aimable, bon, sympathique à tous, était attaché au théâtre depuis nombre d'années en qualité d'archiviste et de lecteur, fonctions délicates dans l'exercice desquelles il n'avait réussi qu'à se créer les meilleures relations. Les jeunes auteurs, en outre d'un excellent accueil, étaient assurés de trouver auprès de lui de précieux conseils, que ne dédaignaient même pas souvent les plus expérimentés en cet art de la scène et du théâtre. Il était sur le point de prendre sa retraite, après un long temps de service, lorsqu'une maladie accidentelle vint l'enlever à l'affection de ses amis et au théâtre qui appréciait en lui l'homme éclairé et le savant dévoué à son culte classique. Peu de temps après, sur la proposition de M. Perrin, M. le ministre des beaux-arts, contresignait le décret qui appelait M. François Coppée, le poète du *Passant*, l'auteur dramatique applaudi sur cette scène illustre de la maison de Molière, à l'honneur de succéder à M. Guillard, dans ce poste doublement envié d'archiviste et de lecteur. La faveur officielle ne pouvait tomber sur un titulaire plus digne et plus méritant à la fois.

L'ouverture récente de l'Exposition qui jetait sur le pavé de la capitale des milliers d'étrangers et de provinciaux devait inaugurer pour les théâtres l'ère d'une prospérité nouvelle. La Comédie-Française avait été des premières à profiter de la présence à Paris de ce public nouveau, et l'empressement avec lequel ses portes seront chaque soir assiégées pendant tout le temps que durera cette fête nationale témoignera hautement de l'estime générale et du renom universel dont notre première scène est l'objet. La marche régulière du répertoire était à ce moment interrompue, comme chaque année du reste à la même époque, par la célébration, le 6 juin, de l'anniversaire de la naissance de Corneille, qui était cette fois le 272me, l'auteur du *Menteur* étant né le 6 juin 1606. Mais ce que nous avons dit au sujet de Molière, touchant l'uniformité du spectacle du 15 janvier, pourrait se répéter à propos de l'anniversaire du 6 juin. Comme l'année précédente, c'est encore *Horace*, c'est encore le *Menteur*[1] qui composent le programme de ce jour. Rien de nouveau que des stances « à Corneille » de M. Jean Aycard, dites par M. Maubant. Passons donc sans plus insister sur une solennité que la date seule rappelle à notre attention et suivons pas à pas le Théâtre-Français dans le développement méthodique de son répertoire. *Petite pluie*, la spirituelle comédie de M. Pailleron, fournit à Mlle Lloyd l'occasion de reprendre modestement une des dernières créa-

1. Depuis plusieurs années, *le Menteur*, fait invariablement partie du programme du 6 juin. La supériorité avec laquelle cette pièce est jouée par Delaunay et par Got, ne saurait justifier cette persistance. Le théâtre de Corneille est assez vaste pour qu'on ne soit pas embarrassé d'y choisir des spectacles plus variés et moins connus.

tions de Mme Arnould-Plessy, le rôle de la baronne. Thiron cède dans *le Demi-Monde* son rôle du marquis de Thonnerins à Dupont-Vernon [1]. Le 18 juillet avait lieu la reprise de *Britannicus* [2], une des tragédies les mieux écrites de Racine, dans laquelle trois pensionnaires de la Comédie-Française continuaient ce soir-là leurs débuts. « Mlle Agar, écrivait M. Vitu, dont nous reproduisons le jugement exprimé le lendemain de cette reprise, à propos de l'interprétation nouvelle de *Britannicus*, connaît à fond le rôle d'Agrippine ; elle le joue d'expérience plutôt que de sentiment ; sa voix un peu sourde et un peu courte l'oblige à couper la période en quatre et à ne pas sortir de l'octave basse du *mezzo soprano*, ce qui jette un certain voile de monotonie sur l'ensemble du rôle. Il me semble aussi que Mlle Agar donne au personnage d'Agrippine une couleur sombre et une physionomie marquée qui le rapproche trop des vieilles reines telles qu'Athalie ou Cléopâtre (de *Rodogune*). La mère de Néron était, au temps où se passe la tragédie de Racine, une femme encore

1. A peu près à cette époque, les héritiers de Balzac retirent *Mercadet* de la Comédie-Française pour le porter au Palais-Royal.

2. DISTRIBUTION. — Burrhus, *M. Maubant.* — Néron, *M. Mounet-Sully.* — Britannicus, *M. Volny.* — Narcisse, *M. Si vain.* — Agrippine, *Mlle Agar.* — Junie, *Mlle A. Dudlay.* — Albine, *Mlle Fayolle.* C'était jadis un artiste du nom de Chéri qui tenait le rôle de Burrhus. Mais Chéri, nous l'avons dit, a cessé depuis quelque temps déjà d'appartenir à la Comédie-Française, où il ne jouait plus que bien rarement.

jeune, attrayante et belle. C'est ainsi que Mlle Plessy comprenait le rôle, que cette nuance rapprochait de la vérité historique, en même temps qu'il lui donnait de la vraisemblance et de l'éclat. Mlle Agar a, d'ailleurs, fort bien dit quelques passages essentiellement tragiques, entre autres l'imprécation finale adressée à Néron. Volny s'est montré à son avantage dans le rôle de Britannicus ; il en a la jeunesse, inappréciable don qui passe malheureusement à mesure que les qualités sérieuses arrivent ; et il a su donner au jeune prince des élans virils qui expliquent les craintes inspirées à Néron par ce compétiteur héritier légitime de l'empire. Il a eu, dans la scène du troisième acte, avec Néron et Junie, un très-beau mouvement qui lui a valu les applaudissements du public, enfin débarrassé de la tutelle odieuse que lui imposaient naguère les claqueurs à gage. Silvain a très bien compris le caractère de l'abominable Narcisse, surtout dans sa première partie ; il a dit avec un art très fin le couplet qui flatte si adroitement la passion naissante de Néron pour Junie. Je l'ai trouvé plus faible dans la tirade du quatrième acte, où lui manque la profonde ironie qui doit accentuer les grands traits du poète. Maubant est, à coup sûr, le plus majestueux des Burrhus, et Mounet-Sully le plus agité des empereurs romains. Mounet-Sully me paraît cependant en progrès comparativement au jour où il prit possession, pour la première fois, du rôle de Néron. Il a toujours le tort de se mettre trop vite en colère et de crier beaucoup sans se fâcher assez. Cependant, il se contient relativement et il cherche les nuances, ce qui est un bon signe. A vrai dire, Mounet-Sully interprète le rôle de Néron plutôt en acteur de drame qu'en tragédien, et procède évidemment de M. Jenneval plutôt que de Talma; il y a cependant le germe de qualités précieuses chez Mounet-Sully; je souhaite très-vivement qu'elles se développent, j'ajoute que je n'en désespère pas. » La remise à la scène de *l'Epreuve*, la comédie de Marivaux, où débutait heureusement, par le rôle d'Angélique, une jeune élève de Talbot, Mlle Frainaux, donnait à M. Hostein l'occasion de faire de Coquelin cadet, chargé de celui de Blaise, l'éloge bien légitime de ce comédien : « Que Coquelin cadet, écrivait le critique du *Constitutionnel*, est donc amusant dans le rôle de ce madré paysan! Il le joue avec un naturel, une aisance, un comique dont on ne saurait trop apprécier la justesse[1] ». Les nécessités

1. « Coquelin cadet a fait rire aux larmes, » écrivait à ce même propos M. Vitu. Nous avons dit l'année dernière la place que cet artiste s'était faite en dehors du théâtre. Cette place, il n'a cessé de l'occuper pendant le cours de cette année 1878 avec le même succès, soit dans les concerts, soit dans les soirées particulières, soit au palais du Trocadéro, où, à l'occasion de l'Exposition, de nombreuses fêtes littéraires et artistiques ont été données. Citons, entre autres, un monologue nouveau de M. Charles Cros, *l'Obsession*, qu'on ne s'est pas encore lassé d'entendre et que l'on redemande à cet artiste, partout où il se présente.

quotidiennes de la marche du répertoire s'étendent indifféremment, durant cette longue période de l'Exposition, sur la plupart des ouvrages représentés jusqu'ici[1].

Cependant malgré les succès en cours de représentation, on commençait à se préoccuper de la façon dont on passerait l'hiver 1878-1879. Les cartons de la Comédie-Française étaient assurément gros de pièces inédites, les unes reçues définitivement, les autres ajournées. Allait-on faire un choix parmi toutes ces productions de la littérature contemporaine, dont quelques-unes attendaient depuis longtemps déjà un tour qui ne venait pas? M. Perrin ne semblait pas toutefois très-porté vers les ouvrages nouveaux. Leur nombre diminuait d'année en année et pour celle qui nous occupe actuellement, il devait se borner aux cinq actes de M. Emile Augier. Mais le succès des *Fourchambault* avait remis en discussion la question des enfants naturels et fait évoquer une des premières pièces de M. Alexandre Dumas fils, qui, représentée pour la première fois au Gymnase le 16 janvier 1858, y avait obtenu un certain succès. M. l'administrateur crut qu'il ne pouvait se présenter de meilleure occasion pour *le Fils naturel* de prendre rang au répertoire de la Comédie-

1. La petite Daubray, que l'on avait vue précédemment sur d'autres scènes jouer les rôles d'enfant, prend ici celui de Louison dans *le Malade imaginaire*.

Française, et demanda à l'auteur du *Demi-Monde*, que son titre d'académicien rapprochait de plus en plus de notre première scène, l'autorisation de remonter cette pièce pour l'hiver qui approchait. L'autorisation, comme bien on pense, ne se fit pas attendre, et le 14 août, M. Alexandre Dumas lisait sa comédie à ses nouveaux interprètes, tous ravis des rôles qui leur étaient distribués. La prospérité du Théâtre-Français à ce moment était telle qu'à la date du 1er août les recettes de cette année avaient atteint le chiffre total des recettes de l'année précédente, chiffre qui, on se le rappelle, n'était pas à dédaigner. Les résultats des cinq derniers mois de 1878 ne devaient pas demeurer au-dessous de ceux de cette première période.

Nous ne parlerons que pour mémoire et pour ne rien laisser dans l'ombre de tout ce qui touche de près ou de loin à la maison de Molière, du projet éphémère de la réunion sous une même direction des deux théâtres de la Comédie-Française et de l'Odéon. Depuis quelque temps déjà, le directeur de cette dernière scène était vertement attaqué. On lui reprochait, à tort ou à raison, de trop bien faire ses affaires personnelles aux dépens de l'art dramatique, au nom duquel il recevait annuellement une subvention de l'État. Ces critiques, qui pleuvaient drues et serrées sur la tête du pauvre M. Duquesnel, firent émettre l'opinion que la meilleure manière de sauvegarder le second Théâtre-

Français contre les conséquences d'une entreprise purement industrielle serait de le rattacher à la Comédie, en permettant aux artistes de notre première scène de passer quelquefois les ponts pour aller donner des représentations sur la rive gauche. L'idée était meilleure en théorie qu'en pratique. Elle fut prônée par les uns, attaquée par les autres, mais plus généralement blâmée. La chose avait cependant pris assez d'importance pour que Messieurs les sociétaires, consultés à ce sujet par leur administrateur général, déclarassent qu'ils verraient avec plaisir la réalisation de ce projet et autorisassent celui-ci à faire les démarches nécessaires pour en hâter la solution. Quoi qu'il en soit, la question a été abandonnée pour le moment. Mais à cause des avantages qu'elle présente, il ne serait pas étonnant qu'elle fût reprise dans un moment plus propice où la discussion n'en serait pas gênée par des engagements antérieurs. Et parmi ces avantages qui menacent de plus près l'indépendance du second Théâtre-Français, celui d'utiliser sur une scène annexe les jeunes artistes qu'immobilisent les succès en cours de représentation est certainement celui qu'on peut invoquer avec le plus de raison d'être.

A cette époque se placent deux curieuses matinées provoquées par M. le ministre des Beaux-Arts à l'occasion de la présence à Paris des instituteurs de province, appelés à la faveur de visiter notre Exposition, et à qui M. Bardoux faisait les honneurs de deux spectacles classiques. Les deux matinées eurent lieu, la première le 18 août, et la seconde le 1er septembre. Dans la première on donnait *Cinna* et *les Fourberies de Scapin*; et dans la seconde, *Britannicus* et *les Plaideurs*. Il va sans dire que nos braves instituteurs, objets de cette attention officielle et toute classique, applaudissaient à tout rompre les artistes chargés de l'interprétation des chefs-d'œuvre représentés devant eux. Ces jours-là, toute la salle n'était pas affectée à ce public de passage, mais une partie seulement et le reste n'avait, du reste, pas de peine à se remplir. Cela eût décidé le sort des matinées, si depuis plusieurs mois déjà l'institution n'en avait été arrêtée en principe. Mais l'on n'était pas d'accord au Théâtre-Français sur la question de savoir si les programmes de ces matinées seraient exclusivement consacrés au classique, ou si l'élément moderne et contemporain y entrerait pour quelque chose. Il y avait des partisans pour et des partisans contre. Au mois d'avril, on avait joué *Hernani* en matinée. C'était là un précédent invoqué par les partisans du pour, mais un précédent, reconnaissons-le, sans valeur plausible. Le ministère émit timidement l'avis que le classique devait prévaloir, mais, somme toute, s'en référa à la sagesse et à l'expérience de M. l'administrateur général. Avec la nouvelle saison devait donc s'ouvrir à la Comédie-Française l'ère des représentations diurnes et la première de ces matinées, donnée le dimanche 29 septembre avec *le Misanthrope*[1] et *la Joie fait peur*, réussit à souhait. Désormais, elles auront lieu régulièrement de huit jours en huit jours, sans que le théâtre ait lieu de se repentir d'avoir adopté cette mesure. La plus curieuse et la plus intéressante fut sans contredit celle du 20 octobre, donnée gratuitement en l'honneur de la distribution des récompenses aux exposants, qui avait lieu le lendemain. *Le Misanthrope* et *les Plaideurs* composaient le spectacle. Assurément, ce n'était pas le public habituel de la Comédie-Française qui remplissait la salle ; mais ce public, pour ne pas appartenir aux classes les plus polies de la société, ne s'en montrait pas moins attentif et appréciateur. Sincèrement enthousiaste, il applaudissait aux bons endroits et faisait à Delaunay, sous les traits d'Alceste, un succès populaire, dont le brillant comédien ne dédaigna pas l'origine. Du reste, tout le monde avait sa part dans cette représentation où, pour pouvoir y assister, beaucoup avaient attendu depuis le lever du jour par un temps pluvieux et malsain, qui contrastait singulièrement avec les réjouissances de la journée.

Le nom de Scribe avait été rayé, ainsi que nous l'avons vu, des programmes de l'Exposition ; il n'en fut pas de même de M. Octave Feuillet, de

1. Dans *le Misanthrope*, Baillet a repris le rôle de Philinte. Dans *l'Etourdi*, que l'on donne surtout en matinée, Coquelin cadet succède à Barré dans le personnage de Trufaldin qu'il anime de toute sa verve comique.

qui l'on projeta de reprendre, avant la clôture définitive de cette fête internationale, *le Sphinx*, une des comédies les plus contestées de cet écrivain et qui avait dû, cinq ans auparavant la plus grande partie de son succès à la manière étrange et réaliste dont mourait, à la fin de la pièce, Mlle Croizette, chargée du rôle principal de l'ouvrage. Mais auparavant, nous devons signaler des mutations survenues dans la distribution courante de plusieurs pièces. C'est ainsi que désormais c'est Mlle Dudlay qui joue dona Sol dans *Hernani*[1].

1. A propos de Mlle Sarah Bernhardt, qui abandonnait pour la seconde fois le rôle de Dona Sol à sa jeune camarade, il n'est assurément pas inutile de mentionner ici le voyage aérien qu'elle fit en ballon captif d'abord, et en ballon libre ensuite en compagnie du peintre Georges Clairin, et du bruit qui se fit autour de cette aventure. La charmante artiste, dont l'originalité et la fantaisie faisaient l'objet de toutes les conversations parisiennes, écrivit à ce sujet une lettre fort spirituelle à M. Albert Millaud, dans laquelle elle se plaignait « de ne pouvoir rien faire sans être accusée de bizarrerie, » et revendiquait à bon droit la liberté de sa personne : « On me reproche, disait-elle, de vouloir tout faire : théâtre, sculpture et peinture, mais cela m'amuse, et j'y gagne de l'argent que je dépense ainsi qu'il me plaît. » Mlle Sarah Bernhardt avait assurément raison. Mais est-elle bien assurée qu'elle n'eût pas bien plus donné tort au public s'il ne se fût pas autant occupé des faits et gestes de la femme et de l'artiste, ce qui n'était, du reste, qu'un témoignage de la fervente idolâtrie qu'il professait pour la comédienne ? Vers la fin de l'année, Mlle Sarah Bernhardt publiera un récit fantaisiste de son voyage dans les nuages, avec des illustrations du peintre Clairin, au sujet duquel, M. Albert Wolff ayant fait dans le *Figaro* un article mordant sur le livre en question, la spirituelle comédienne répondit : « Il m'a fallu tous ces jours passés pour oublier votre méchante humeur, cher monsieur Wolff, mais je ne puis oublier votre esprit et je vous remercie d'en avoir fait si grande dépense à propos de moi. » La triple

Mlle Reichemberg, qu'une indisposition sans gravité et dont le terme est fatalement fixé par la nature éloigne du théâtre, cède son personnage de Blanche dans *les Fourchambault* [1] à Mlle Baretta qui s'en acquitte à merveille, et celui de Suzel dans *l'Ami Fritz* à Mlle Samary, qui ne fera du reste que rentrer en possession d'un rôle qu'elle a déjà joué. Plus tard Mlle Croizette sera remplacée définitivement dans la pièce de M. Augier par Mlle Broisat, et Coquelin, toujours sur la brèche, ne se fera suppléer dans celui de Léopold, par le jeune Boucher, que lorsque ses devoirs l'appelleront au dehors, comme lorsqu'il ira jouer en compagnie de son jeune frère *les Précieuses ridicules* chez le ministre de l'instruction publique et des beaux-arts, ou *Faute de s'entendre* [2] chez M. le ministre de la guerre. Enfin c'est à cette époque que Talbot qui, quoique sociétaire, ne jouait presque jamais et qui n'avait pas vu d'un bon œil, d'autres de ses camarades le remplacer plus avantageusement dans un emploi qu'il avait tenu pour ainsi dire sans partage, notifia à M. l'administrateur son intention de se retirer. Celui-ci engagea l'artiste à réfléchir, ne voulant pas l'exposer à se

réputation de comédienne, de peintre et de sculpteur ne suffisait plus à Mlle Sarah Bernhardt; elle y joignait désormais celle d'écrivain. Ce livre eut en effet un succès de curiosité et d'esprit.

1. La centième des *Fourchambault*, fut donnée le 4 novembre.

2. Worms et Mlle Barretta étaient chargés avec M. Coquelin de l'interprétation de cette comédie de Ch. Duvervier.

repentir amèrement plus tard d'une résolution dictée par un dépit peu ou point justifié. Mais Talbot ayant persisté dans ses résolutions, M. Perrin en donna avis au comité qui enregistra, comme définitive, quoique à regret, la notification de son camarade. La mort de Mme Guyon, le départ de Talbot créaient presque à la fois deux places vacantes de sociétaires, pour l'une desquelles l'opinion publique désignait déjà Coquelin cadet, et se partageait pour décerner l'autre soit à la jeune Samary, soit à Mlle Agar, que son emploi plus que ses qualités artistiques désignaient à l'obtention de cet honneur[1]. Avant de reprendre *le Sphinx* dont, à part Worms qui succédait à Delaunay et Paul Reney à Joumard, la distribution demeurait la même qu'à la création, le théâtre remettait à la scène pour la première fois de l'année, et en outre des ouvrages déjà cités : *Andromaque*, *le Dépit amoureux* et *la Cigale chez la fourmi*. Rien à dire de ces trois pièces qui n'ait déjà été dit dans nos précédents volumes.

28 OCTOBRE. — Reprise du **SPHINX**[2], drame en

1. — Le 30 décembre de cette année, Coquelin cadet et Mlle Samary seront élus sociétaires à l'unanimité.

2. DISTRIBUTION. — L'Amiral, *M. Maubant*. — Lord Astley, *M. Febvre*. — Savigny, *M. Worms*. — Everard, *M. Prudhon*. — Ulric, *Coquelin cadet*. — Lajardie, *M. Paul Reney*. — Blanche, *Mlle Croizette*. — Berthe, *Mlle S.-Bernhardt*. — Gabrielle, *Mlle Bianca*.

Nous avons dit plus haut que le projet de reprendre *le Sphinx* avait pour but de placer le nom de son auteur au-dessous d'un

quatre actes de M. Octave Feuillet. — La première représentation de cette pièce à la Comédie-Française datait du 23 mai 1874. « J'ai revu ce drame, écrivait M. A. Vitu, sans plaisir ni peine, et je le juge aujourd'hui comme je le jugeai la première fois : l'œuvre peu consistante d'un homme de talent qui a su exécuter un tour de force inutile, en faisant écouter quatre actes de drame dépourvus d'un intérêt sérieux ». Puis passant à un autre point de vue, l'éminent critique ajoutait. « L'interprétation est aujourd'hui ce qu'elle était il y a quatre ans et demi, à l'exception de Delaunay, qui a cédé son rôle à Worms. C'est un axiome banal, mais certain, en matière dramatique, que l'homme placé entre deux femmes fait d'ordinaire un assez mauvais personnage. Worms, malgré sa diction juste et mordante, a été jugé un peu terne dans un rôle dont Delaunay, avant lui, avait mesuré toute l'ingratitude. Maubant, fort convenable dans les deux premiers actes, a fait, au troisième acte, une entrée caracolante dont l'effet comique n'était pas précisément à sa place. Febvre excelle dans les rôles d'Anglo-Saxons à tenue froide et ferme, tels que lord Astley. J'ai entendu blâmer Coquelin ca-

grand ouvrage, sur l'affiche de la Comédie-Française pendant la durée de l'Exposition. Ajoutons que ce fut aussi à la suite d'un désir exprimé par S. A. R. le prince de Galles, en ce moment à Paris et qui tenait beaucoup à voir représenter le drame de M. Feuillet et surtout à entendre Mlles Croizette et Sarah Bernhardt se donner la réplique.

det d'avoir fait rire sous les traits du pianiste Ulric; ce n'est pas mon avis. Coquelin cadet se tient dans la juste mesure. Si le pianiste Ulric paraît déplacé dans un salon, c'est M. O. Feuillet qui a tort de l'y avoir introduit. Il y a bien des rôles inutiles dans *le Sphinx*; il n'en faut pas moins tenir compte à Prudhon de « figurer » le lieutenant Everard; Paul Reney, qui remplace M. Joumard dans le rôle de M. Lajardie, autre inutilité, a de la gaîté, mais fera sagement de discipliner son geste. Mlles Croizette et Sarah Bernhardt ont retrouvé tout leur succès : la première dans Blanche de Chelles, la seconde dans Berthe de Savigny. Mlle Sarah Bernhardt donne à Berthe de Savigny une physionomie d'une douceur et d'une grâce exquises, animée au quatrième acte par des éclats d'une justesse foudroyante. Il me semble que la scène de l'empoisonnement n'a pas produit l'effet extraordinaire qui, dans sa nouveauté, frappa le public d'étonnement et de terreur. Ce serait une raison valable pour renoncer à ce jeu de scène, que je persiste à considérer comme dépourvu de valeur au point de vue de l'art sérieux et comme en désaccord avec les traditions de la Comédie-Française. J'insiste sur ce conseil avec d'autant moins de scrupule que Mlle Croizette m'a paru en très-grand progrès sur elle-même et en pleine possession du rôle de Blanche de Chelles. Son débit s'est affermi, s'est nuancé; enfin, elle a acquis une autorité et une souplesse de diction que je ne lui connaissais pas encore et que je souhaite retrouver chez elle dans d'autres rôles[1]. »

Le Sphinx était le soixante-cinquième ouvrage représenté depuis le 1er janvier 1878. Le petit drame intime de M. Manuel, *les Ouvriers*, était le soixante-sixième, après quoi venait immédiatement *le Fils naturel*, dont la répétition générale eut lieu le 30 novembre, en petit comité. Ce dernier mois partagé pour ainsi dire entre *Her-*

1. Dans un ordre d'idées plus fantaisistes, M. Arnold Mortier, le spirituel *Monsieur de l'Orchestre* du *Figaro* en rendant compte de cette représentation, appréciait en ces termes, le côté féminin du drame de M. Feuillet : « Mlle Croizette nous a montré un Sphinx nouvelle manière, un Sphinx considérablement augmenté. Elle est si grasse maintenant, si bien portante, que ses amis eux-mêmes se demandent si le moment ne serait pas venu où il faudrait mettre un terme à tant d'envahissement. Dans le drame d'Octave Feuillet, cet embonpoint fâcheux et trop précoce se trouve d'autant plus accentué que l'énigmatique comtesse de Chelles est presque constamment en scène à côté de Sarah Bernhardt. Cette dernière a paru absolument adorable dans sa délicieuse toilette du premier acte, un fouillis ravissant de rubans, de dentelles, de jais, de mousseline et de tout ce qu'il faut pour séduire enfin. Mais Sarah ne s'est pas contentée de séduire, ce soir ; elle a voulu étonner. Elle y est parvenue. J'ai dit que sa robe de bal a été, pendant tout un entr'acte, le sujet de toutes les conversations. Or, ce n'est pas précisément de la robe que l'on parlait. Elle est jolie cette robe, mais il est probable qu'on n'en aurait pas fait tant de cas si elle ne s'était distinguée par une particularité tout à fait imprévue. La robe de bal de Mlle Sarah Bernhardt était décolletée, mais décolletée pour de vrai, franchement, de manière à surprendre tout le monde. Car ce qui paraîtrait tout naturel chez toute autre personne surprend quand il s'agit de Mlle Sarah Bernhardt. La charmante artiste vient de se révéler à nous sous un jour nouveau et après lequel il est permis de ne plus douter de rien. »

nani[1], *le Sphinx*[2] et *les Fourchambault*, avait été surtout employé à presser les études de la comédie de M. Alexandre Dumas. L'intention de M. Perrin était d'en donner la première représentation le 1er décembre, pour en offrir dès le lendemain la primeur aux abonnés du premier mardi de la saison[3] et le surlendemain aux abonnés du jeudi.

2 DÉCEMBRE. — Première représentation (à ce théâtre) de **LE FILS NATUREL**[4], comédie en cinq

1. Dans *Hernani*, Martel joue Ruy-Gomez de Silva, à la place de Maubant.

2. *Le Sphinx* composera avec *la Cigale chez la Fourmi*, le troisième spectacle d'abonnement de la saison. A ce moment, Worms sera remplacé par Laroche dans le rôle de Henri de Savigny.

3. *Le Fils naturel*, formera également le spectacle du second mardi et du second jeudi.

4. Voici en regard de la distribution de la création, la distribution actuelle à la Comédie-Française :

Aristide Fressard..........	MM.	*Geoffroy.*	*Coquelin.*
Charles Sternay..		*Dupuis.*	*Febvre.*
Marquis d'Orgebac..		*Derval.*	*Thiron.*
Jacques............		*Lagrange.*	*Worms.*
Le docteur............		*Blondel.*	*Garraud.*
Lucien.....		*Dieudonné.*	*Boucher.*
Clara Vignot........... ...	Mmes	*Rose Chéri.*	*Favart.*
La marquise....		*Mélanie.*	*Jouassain.*
Hermine.		*Delaporte.*	*Baretta.*
Henriette Sternay...........		*D. Marquet.*	*Lloyd.*
Mme Gervais...............		*Georgina.*	*Thénard.*

Peut-être ne sera-t-il pas sans intérêt pour le lecteur de fixer ici ce que sont devenus les artistes qui créèrent au Gymnase les différents rôles du *Fils naturel*. Rose Chéri est morte depuis bientôt vingt ans ; morte aussi Delphine Marquet. Mlle Dela-

actes, dont un prologue en prose, de M. ALEXANDRE DUMAS. — « C'est une épreuve assez délicate pour un ouvrage de théâtre, écrivait M. Sarcey en rendant compte de la reprise de ce drame, de reparaître devant le public au bout de vingt années. Il y a bien peu de comédies qui pourraient y résister. Je ne veux chagriner personne, mais tout le monde a présents à la mémoire les noms d'ouvrages qui n'ont pas encore le quart de siècle, et dont une reprise inopportune a accusé les rides. Le *Fils naturel* a paru lundi dernier aussi jeune qu'il était le 16 janvier 1858. Il serait impossible d'y trouver un détail qui date, un seul cheveu gris. J'oserai même dire que la pièce nous a semblé avoir pris plus de solidité et d'éclat. Elle était il y a vingt ans, quelque peu en avant de son public, qui l'a rejointe dans l'intervalle. Je ne serais pas loin de partager l'opinion de M. Perrin,

porte de retour à Paris après un court séjour en Russie, ne trouve que de lointaines occasions de faire applaudir ses grandes qualités de comédienne, et encore n'est-ce pas à la Comédie-Française. Geoffroy, un des meilleurs comédiens de Paris, figure en ce moment en tête de la troupe du Palais-Royal. A. Dupuis vient de rentrer au Vaudeville après une absence de dix-huit années passées en Russie. Dieudonné, un ancien pensionnaire des théâtres impériaux de Saint-Pétersbourg, est également à l'heure actuelle attaché au théâtre du Vaudeville. Derval n'a pas quitté le Gymnase où ses fonctions d'administrateur représentent pour lui la retraite des comédiens. Lagrange est toujours en Russie. La vieille Mme Georgina est encore la pensionnaire de M. Montigny, mais non Mlle Mélanie qui a fait ses adieux à la scène. Quant à Blondel, nous ne sommes pas bien sûrs qu'il ne soit pas encore de ce monde des vivants ; mais à coup sûr ne fait-il plus partie du monde dramatique.

qui regarde le *Fils naturel* comme le chef-d'œuvre d'Alexandre Dumas. » Nous ne nous attarderons pas sur cet ouvrage, dont le sujet et la thèse sociale qu'il contient sont trop connus, bien que la pièce date déjà de vingt années, pour prêter ici à d'utiles développements. L'intérêt de la résurrection de l'œuvre de M. Dumas résidait surtout dans l'interprétation nouvelle à la Comédie-Française, et dans les souvenirs qu'elle pouvait évoquer à côté de celle de la création. Les discussions philosophiques ou autres, à vingt ans d'intervalle, ne devaient pas différer de beaucoup de celles que l'apparition de cette comédie souleva en 1858, et parmi les écrivains qui en rendirent compte, sans doute beaucoup durent-ils tomber dans les mêmes errements. Ecoutons plutôt ce que disait, au sujet de l'interprétation actuelle du *Fils naturel*, M. Auguste Vitu, dont l'opinion très-sincère nous paraît le mieux résumer à la fois celles du public et de la critique : « La pièce est merveilleusement jouée et présente un ensemble qui se rencontre rarement même à la Comédie-Française. Mme Favart donne au rôle de Clara Vignot la mélancolie de la femme dont l'existence ne fut qu'un long sacrifice et la tendresse de la mère pour un fils en qui elle a mis tous les trésors de son âme et toutes ses espérances. Elle s'est montrée émouvante au dernier point pendant tout le prologue et dans la grande scène du troisième acte, tout en gardant la simplicité de moyens qui est la perfection même de l'art. Le jeu sobre, vigoureux et ardent de Worms l'a supérieurement servi pour composer le rôle de Jacques. Applaudi de scène en scène, il a été acclamé au troisième acte au milieu de l'émotion générale. C'est un grand et mérité succès pour ce jeune artiste, si intelligent et si bien doué. Et quel acteur encore que Coquelin aîné lorsqu'il se tient dans l'emploi pour lequel la nature l'a créé? Le personnage comique, intelligent et sympathique d'Aristide Fressard lui fournit l'occasion de déployer ses meilleures qualités, la gaieté, la verve, la finesse, et surtout le naturel, ce don inestimable qui ne s'acquiert pas. Febvre est généralement très-bien dans toutes les parties du rôle ingrat, non, ce n'est pas assez dire, abominable et odieux jusqu'à l'invraisemblance, de Charles Sternay, auquel il prête l'allure inconsciente d'un homme comme il faut, qui trouve très-bonnes toutes les actions quelconques qui s'accordent avec les « convenances. » Il n'y a que des compliments à faire à Thiron, délicieusement fin dans le rôle du spirituel marquis d'Orgebac. Mme Jouassain tient avec son talent ordinaire le rôle de la vieille marquise. On a beaucoup applaudi Mlle Baretta, très-bien placée dans le rôle d'Hermine, une jeune fille étonnante, qui déclare devant dix personnes son amour pour un jeune homme et prévient ses parents qu'elle n'attend que sa majorité pour leur adresser des sommations respectueuses. Mlle Lloyd, Mme Thénard, Boucher, apportent tout leur zèle à des rôles secondaires. » *Le Fils naturel* s'annonçait comme un très-grand succès [1]. Sans aucun doute, nous le retrouverons l'année prochaine, légué par 1878 à 1879 et tenant avec celle-ci la promesse de la première représentation. Nous pourrions clore cette notice historique relative à la maison de Molière sur le nom de l'auteur du *Demi-Monde*, s'il n'était parmi les pieux et classiques usages de la compagnie de célébrer le 21 décembre l'anniversaire de la naissance de Racine au même titre que celle de Molière et de Corneille. A cette occasion, il avait été question d'une remise à la scène de *Mithridate*, à laquelle on dut renoncer au profit d'*Andromaque* et des *Plaideurs* interprétés par les premiers artistes du théâtre [2].

Et c'est tout. Si nous jetons maintenant un coup d'œil d'ensemble sur cette année, nous regrettons

1. « *Le Fils naturel*, écrivait au sortir de la représentation M. Alexandre Dumas, à M. Montigny, directeur du Gymnase, vient d'avoir au Théâtre-Français le plus éclatant succès qu'on y avait vu, je crois. Rappels après chaque acte, double rappel après le troisième. Ce que je me rappelais pendant ce temps-là, moi, c'est cette soirée du 16 janvier 1858. Je n'ai pas à savoir si une scène est plus grande que l'autre, si cet artiste vaut mieux que celui d'autrefois. J'ai à ne jamais oublier que c'est à votre confiance que je dois d'avoir pu dire ce que j'avais à dire et que, si je suis quelque chose ou quelqu'un, j'en dois une grande part à votre intelligence et à votre amitié. »

2. Ajoutons-y un à propos en vers, intitulé *Petit-Jean*, dit par Coquelin, dont l'auteur était un des plus jeunes artistes de la Comédie, nous avons nommé Truffier.

de n'avoir à constater que l'apparition d'une seule nouveauté. Et pour remplir ce vide, le théâtre a usé largement de la ressource féconde des reprises. L'institution des matinées adoptée d'une façon définitive et régulièrement mise en pratique peut compter, il est vrai, parmi les actes les plus importants de cette campagne. Mais ne pourrait-on souhaiter, au nom de l'art dramatique et malgré ces succès persistants et de longue haleine, qu'à côté des chefs-d'œuvre de la littérature classique, dont le culte lui est confié, le théâtre suscitât davantage les productions d'auteurs nouveaux? Cela ne serait-il pas plus aisé aujourd'hui avec les débouchés qu'offre désormais l'inscription des spectacles diurnes au nombre des usages de la compagnie? Quoi qu'il en soit, le Théâtre-Français ne pouvait être rangé au nombre des scènes sur lesquelles, au dire de M. Bardoux, ministre de l'instruction publique et des beaux-arts, « l'opinion publique constatait l'abaissement sensible qui s'est produit dans certaines manifestations de l'art dramatique. » Si la liberté des théâtres était réellement un mal, ainsi que l'insinuait, dans sa lettre [1] à tous les directeurs de Paris, M. Bardoux,

1. Voici cette lettre, curieux échantillon de la prose officielle, qui démontrait les bonnes intentions et l'esprit élevé du ministre, mais qui n'a encore amené aucune modification dans la direction du goût public : « Depuis longtemps déjà l'opinion publique s'inquiète de l'abaissement sensible qui s'est produit dans certaines manifestations de l'art dramatique et de l'art lyrique. Beaucoup d'excellents esprits attribuent la cause de

il faut convenir que le fléau n'avait pas atteint la Comédie-Française. Cette année aura été exceptionnellement féconde. Nous devons en rapporter les résultats brillants au dévouement et au talent de MM. les comédiens, à l'activité et à l'expérience de M. Perrin [1]. Nous ne pouvons du reste,

cette décadence à la liberté industrielle conférée aux théâtres par le décret du 6 janvier 1864. Quelles que soient les difficultés que je doive rencontrer en un semblable sujet, le mal étant constaté, il est de mon devoir d'en chercher le remède. Trois intérêts considérables se trouvent ici en jeu et me préoccupent également : l'intérêt de l'art, celui du public, celui des artistes. Assurer à ceux-ci la juste récompense de leurs travaux, offrir aux spectateurs des plaisirs délicats, honnêtes, ramener, s'il se peut, l'art dramatique et l'art lyrique à ces habitudes de bon ton qui avaient fait à nos théâtres une réputation si légitime, tel est le triple but auquel doivent tendre mes efforts. Pour m'aider dans cette tâche, pour m'entourer d'autant de lumières que possible, je fais appel au concours de toutes les personnes dont l'expérience en ces matières ne saurait être mise en doute. Je vous serai donc tout à fait obligé, monsieur, de me faire connaître vos vues personnelles sur le régime institué par le décret du 6 janvier 1864. Quels en ont été les avantages ? Les inconvénients ? Quelle influence a eu ce régime sur la composition de nos troupes, de nos orchestres, de nos chœurs ? Ce régime doit-il être maintenu tel quel ? Dans quel sens pourrait-il être amendé ? Quel régime nouveau pourrait-on y substituer ? En résumé, monsieur, je vous prie de vouloir bien me transmettre toutes les observations que vous jugerez de nature à élucider la question ; les notes que vous voudrez bien m'envoyer seront reçues par moi avec reconnaissance et feront l'objet de l'étude la plus attentive. » M. le ministre oubliait qu'après tout, les directeurs de théâtre, du moins ceux qui ne sont pas subventionnés, se soucient fort peu de l'art et que leur mission est principalement de gagner de l'argent. En bonne conscience on ne saurait les blâmer de chercher avant tout leur intérêt matériel. Les gouvernements font le public ce qu'il est et les impressarii lui donnent ce qui lui plaît.

1. A propos de M. Perrin, enregistrons pour mémoire le bruit qui courut à plusieurs reprises durant le cours de cette année,

à cet égard, nous en référer mieux qu'à l'éloge officiel que M. Antonin Proust, au nom de la commission du budget, inscrivait dans son volumineux rapport relatif aux Beaux-Arts. « Nous sommes heureux, écrivait en matière de conclusion, M. Proust, de constater ici la prospérité toujours croissante de la Comédie-Française, à la tête de laquelle est placé comme administrateur l'honorable M. Emile Perrin, de l'Institut [1]. Grâce à son habile direction et grâce au zèle de nos comédiens-français, le théâtre de la rue de Richelieu a montré une activité remarquable pendant l'année 1877 et le courant de l'année 1878. »

La liste des ouvrages représentés pendant cette année 1878 pouvait dès lors être établie dans l'ordre ci-après, en distinguant, comme nous le faisons toujours, entre le répertoire moderne et le répertoire classique.

RÉPERTOIRE MODERNE —	Nombre d'actes. —	Date de la 1re representat. ou de la reprise. —	Nombre de representat. pend. l'annee — Soir.	Jour.
Volte-face, comédie en vers. .	1	1er janvier.	8	
Le Marquis de Villemer, com.	4	1er janvier.	13	
Hernani, drame en vers . . .	5	2 janvier.	91	1
Le Gendre de M. Poirier, com.	4	3 janvier.	3	1
Le Demi-Monde, comédie. . .	5	9 janvier.	7	
Philiberte, comédie en vers. .	3	13 janvier.	4	

et d'après lequel il devait être appelé prochainement à la direction de l'Opéra, qu'il a déjà heureusement administré depuis 1863 jusqu'à 1870. Cette nouvelle nous semble tout au moins prématurée.

1. M. Perrin est, vers la fin d'octobre, nommé officier d'Académie.

RÉPERTOIRE MODERNE	Nombre d'actes.	Date de la 1re représentat. ou de la reprise.	Nombre de représentat. pend. l'année Soir.	Jour.
Le Duc Job, comédie	4	13 janvier.	2	
Le Pour et le Contre, com.	1	14 janvier.	6	
Le Luthier de Crémone, c. en v.	1	20 janvier.	2	
Chez l'Avocat, com. en v. lib.	1	24 janvier.	4	
Le Supplice d'une femme, dr.	3	24 janvier.	1	
L'Ami Fritz, comédie	3	27 janvier.	12	2
Le Mariage de Victorine, com.	3	27 janvier.	2	
Mademoiselle de la Seiglière, c.	4	29 janvier.	6	
L'Etrangère, comédie	5	31 janvier.	7	
La Joie fait peur, comédie.	1	5 février.	10	4
Il ne faut jurer de rien, com.	3	5 février.	4	
Les Deux ménages, comédie.	3	12 février.	2	
Oscar ou le Mari qui trompe sa femme, comédie	3	26 février.	2	
L'Eté de la Saint-Martin, com.	1	27 février.	27	
Les Caprices de Marianne, c.	3	27 février.	5	
Othello (fragments d'une traduction nouvelle en vers).	»	27 février.	3	
La Pluie et le beau temps, com.	1	14 mars.	1	
Au printemps, com. en vers.	1	15 mars.	3	
On ne badine pas avec l'amour, drame	3	19 mars.	6	
Julie, drame	3	31 mars.	3	
Mademoiselle de Belle-Isle, c.	5	31 mars.	6	
Un Mari qui pleure, comédie.	1	2 avril.	4	
* *Les Fourchambault*, comédie.	5	8 avril.	113	
La Nuit d'octobre, scène en v.	»	25 avril.	1	
Le Testament de César Girodot, comédie	3	7 mai.	4	
Le Chandelier, comédie.	3	21 mai.	3	
Gringoire, comédie	1	28 mai.	1	
Un Cas de conscience, com.	1	16 juin.	1	
Petite pluie, comédie	1	11 juillet.	5	
Le Bonhomme Jadis, comédie.	1	14 juillet.	1	
Le Village, comédie	1	8 août.	20	
La Fille de Roland, dr. en v.	4	8 août.	6	
La Cigale chez les fourmis, c.	1	1er octobre.	4	
Le Sphinx, drame	4	28 octobre.	19	

Ce signe * placé devant le titre d'une pièce indique que l'ouvrage était inédit.

RÉPERTOIRE CLASSIQUE —	Nombre d'actes. —	Date de la 1re représentat. ou de la reprise. —	Nombre de représentat. pend. l'année — Soir.	Jour.
Les Ouvriers, drame en vers.	1	10 novembre	1	
Le Fils naturel, comédie. . .	5	2 décembre	16	
Le Malade imaginaire, com. .	3	3 janvier.	5	3
Le Jeu de l'amour et du hasard, comédie.	3	6 janvier.	6	1
Le Joueur, comédie en vers. .	5	6 janvier.	3	
Le Médecin malgré lui, com.	3	6 janvier.	6	1
Le Misanthrope, com. en vers.	5	14 janvier.	9	5
Les Précieuses ridicules, com.	1	14 janvier.	7	3
Le Mariage forcé, comédie. .	1	15 janvier.	3	1
Le Barbier de Séville, com. .	4	24 janvier.	4	2
Les Fourberies de Scapin, c.	3	29 janvier.	3	3
Monsieur de Pourceaugnac, c.	3	27 février.	5	
Les Plaideurs, com. en vers.	3	14 mars.	3	3
L'Avare, comédie	5	24 mars.	2	1
Amphitryon, com. en v. libr.	3	2 avril.	4	
Tartuffe, comédie en vers. . .	5	7 avril.	4	1
Athalie, tragédie.	5	16 avril.	1	
Les Femmes savantes, c. en v.	5	23 avril.	3	1
Phèdre, tragédie.	5	7 mai.	5	2
Zaïre, tragédie.	5	30 mai.	3	
Horace, tragédie.	5	6 juin.	2	
Le Menteur, com. en vers. . .	5	6 mai.	3	2
Britannicus, tragédie	5	18 juillet.	2	1
L'Epreuve, comédie	1	18 juillet.	7	
Cinna, tragédie	5	18 août.	2	2
Andromaque, tragédie	5	13 septembre	2	2
L'Etourdi, comédie en vers. .	5	13 septembre	2	2
Le Dépit amoureux, c. en v. .	2	26 septembre	2	
Polyeucte, tragédie	5	15 décembre		2

En résumé, la Comédie-Française a donné, pendant cette année 1878, 383 représentations[1] dont 23 diurnes. Elle a joué 4 ouvrages appartenant

1. La Comédie-Française a fait cette année, cinq fois relâche : le 27 février, jour des obsèques de Mme Guyon ; les 18, 19 et 20 avril (jeudi, vendredi et samedi de la semaine sainte) le 30 juin (jour de la fête nationale.)

au Répertoire moderne et 27 appartenant au Répertoire classique; en tout 68 ouvrages[1] dont un seul nouveau et en prose. Parmi ces 68 comédies, drames, tragédies, figurent 9 pièces en vers dans la première série et 17 également en vers dans la seconde. Ces ouvrages se décomposent encore en : 21 ouvrages en cinq actes ; 7 en quatre actes; 19 en trois actes; 1 en deux actes et 19 en un seul acte.

1. Non compris *Othello* dont on n'a donné que des fragments et les à-propos récités les 15 janvier, 6 juin et 23 décembre, pour les anniversaires de Molière, de Corneille et de Racine.

PARIS — IMPRIMERIE P. MOUILLOT, 13, QUAI VOLTAIRE — 14386

PARIS — IMPRIMERIE F. MOUILLOT, 13, QUAI VOLTAIRE — 14386

www.ingramcontent.com/pod-product-compliance
Lightning Source LLC
LaVergne TN
LVHW012114170826
845678LV00001BA/392